건빵 전도 일기

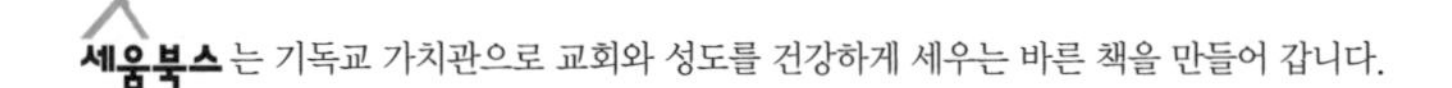

건빵 전도 일기

중꺾마! 100번의 학교 앞 전도 리포트

초판 1쇄 인쇄 2024년 6월 25일
초판 1쇄 발행 2024년 6월 30일

지은이 | 한미연
펴낸이 | 강인구

펴낸곳 | 세움북스
등 록 | 제2014-000144호
주 소 | 서울시 종로구 대학로 19 한국기독교회관 1010호
전 화 | 02-3144-3500
이메일 | cdgn@daum.net

교 정 | 김혜지
디자인 | 참디자인

ISBN 979-11-93996-06-5 (03230)

“ 중꺾마!
100번의 학교 앞 전도 리포트 ”

건빵 전도 일기

한미연 지음

세움북스

추천사

전도가 어렵다는 시대입니다. 혹자는 이제 노방전도, 노방 찬양 방식으로 다가가는 건 지양해야 한다고 말합니다. 그러한 방식이 이제는 효율적이지 않고, 효과가 없다는 말입니다. 물론 그럴 수 있습니다. 그런데 꼭 그렇지만은 않습니다. 그 이야기를 이 책에서 말해 줍니다.

길거리에서, 학교 앞에서 아이들 만나는 것이 결코 잘못되지 않음을 보여 줍니다. 비인격적으로, 불편하게 다가가는 그것이 문제이지, 학생들을 응원하는 마음으로 길거리에서 아이들과 관계를 맺어 가는 전도는 여전히 가능합니다.

어쩌면 비인격적인 노방전도는 문제일 수 있지만, 인격적인 노방 관계 전도는 여전히 필요합니다. 그 살아 숨 쉬는 실제 이야기를 보고 싶으십니까? 이 책을 읽어 보십시오! 읽기만 하고 끝내지 마시고 직접 만나러 가 보십시오! 여전히 한 영혼은 천하보다 귀하며, 그 영혼은 복음을 필요로 합니다. 복음은 여전히 능력 있습니다.

❖ **나도움** 목사, 스탠드그라운드 대표, 《얘들아 학교를 부탁해》 저자

코로나로 인해 그동안 해오던 모든 다음 세대 사역의 현장이 멈추어지고 지난 28년간 해오던 다음 세대 사역의 모든 방향을 바꾸어야 하는 광야와 같은 시간에 한미연 목사님과의 첫 만남이 있었습니다. 다음 세대를 사랑하는 한빛교회가 함께 기도하고 함께 후원하겠다고 연락을 먼저 주셔서 큰 힘을 받았는데, 나중에 만나 보니 이제 막 시작한 상가 개척 교회 목사님이시더군요. 목사님도 힘드셨을 텐데 매주 매달마다 저와 번개탄 사역에 얼마나 큰 힘이 되어 주셨는지 모릅니다.

아마 지금도 날마다 학교 앞에서, 때로는 길가에서, 누군가에게 작은 건빵을 나누며 시작되는 이 전도의 만남이 저와 같이 누군가 힘들고 어려운 시간을 지나는 이들에게 믿음의 가족이 되어 주고, 위로가 되어 주고, 또한 하늘의 생명을 나누는 가장 복된 만남이 아닐까 생각합니다. 무엇보다 이 책을 통해 더 많은 분들에게 전도의 소중함이 전해지고 도전이 될 수 있기를 소망하며, 감사의 마음을 담아 추천합니다.

❖ **임우현** 목사, 번개탄 tv 선교회 대표

눈이 아무리 많이 내려도 시간이 지나면 녹아서 흔적도 없이 사라집니다. 전도의 시간과 전도에 쓰였던 건빵도 그렇습니다. 아무리 많은 것을 쏟아부어도 온데간데없이 다 사라집니다. 그러나 눈이 한번 내리면 모르는 사람이 없고, 녹아서 사라져 버리고 말지만, 내렸던 눈은 우리의 기억에 평생 간직할 수 있습니다. 전도의 결과도 그렇다고 생각합니다. 이 추천사를 쓰는 지금은 5월입니다. 물론 5월에는 눈을 볼 수 없지만, 5월에도 이전에 내렸던 눈을 기억할 수 있고 앞으로 내릴 눈 또한 기대할 수 있습니다.

한미연 목사님의 건빵 전도에 씨앗처럼 뿌려진 건빵과 말씀 카드는 누군가에게는 평생 기억에 남을 것이고, 기다려지는 일이 되기도 할 것입니다. 한미연 목사님의 두 번째 책인 《건빵 전도 일기》를 읽고서 100회 넘게 하셨던 건빵 전도의 그 모든 결과를 기대하게 되었습니다. 어딘가에 뿌려졌던 그 씨앗들의 열매가 그리스도의 계절에 기쁨으로 거두어지리라 기대하게 한다는 것입니다. 그 기대와 설렘의 마음으로 이 책을 추천합니다.

다가올 그리스도의 계절까지
이 걸음 걸어 내리라 …
이 걸음 걸어 내리라 …♪

❖ **우형동** 작곡가, 대표곡: 〈한빛〉, 〈주님만이〉

한미연 목사님을 알게 된 것은 코로나가 한창이던 2022년 12월이었습니다. 코로나가 아직도 기승을 부리고 있어 모두가 몸을 사리는 시절이었고, 유난히 추웠던 그해 12월에 하루도 빠지지 않고 학교 앞에서 건

빵 전도를 하시는 목사님의 글을 읽으면서 참 대단하신 분이라 생각했습니다. 응원의 댓글이라도 달아 드려야겠다는 생각이 들어 열심히 댓글을 달다 보니 자연스럽게 목사님의 사역을 기도하는 마음으로 지켜보게 되었습니다.

마침 그다음 해 3월에 제가 다니던 교회에서 교사 세미나를 기획할 기회가 주어져 한미연 목사님을 "학교 앞 전도"에 대한 주제로 주일학교 교사 세미나 강사로 모시게 되었습니다. 그런데 뜻하지 않게 교사 세미나를 기획하는 과정에서 일어난 여러 갈등들 때문에 26년 섬기던 정든 교회를 떠나게 되었습니다. 이전 교회를 떠나 새로운 교회로 정착하는 과정에서 원치 않던 순례의 여정을 하게 된 우리 부부는 한미연 목사님의 한빛교회에 가서 예배를 드리기도 했습니다. 예배가 끝나고 사부님이 만들어 주신 맛있는 점심을 먹으며 교제를 나누었고, 등굣길 전도를 위해 건빵에 성구 카드를 부착하는 작업에 즐겁게 참여하기도 했습니다. 저는 이렇게 건빵 전도 초창기부터 목사님을 알았던 인연으로 추천사를 쓰게 되었습니다. 익히 잘 알고 있는 내용이었지만 책으로서 정리된 원고를 읽으면서 또 한 번 감동의 물결이 밀려왔습니다.

이 글은 부르심에 순종한 평범한 한 사람의 생생한 기록입니다. 우리는 성경에서 수많은 하나님의 종들이 부르심을 받는 장면에서 마음이 뜨거워집니다. 낯선 땅으로 가라는 부르심을 받은 아브라함, 호렙산의 불타는 떨기나무 가운데서 하나님을 만난 모세, 여호와의 말씀이 희귀하여 이상이 흔히 보이지 않았던 시대에 하나님의 부르심을 받은 어린 사무엘, 웃시야 왕이 죽던 해에 높은 보좌 위에 앉으신 만군의 여호와 하나님을 만난 이사야 선지자, 갈릴리 해변에서 모든 것을 버려 두고 예수님을 따른 베드로, 다메섹 도상에서 자신이 박해하던 예수님을 만난 바울 등등…. 이들은 모두 자기 삶의 현장에서 하나님의 거룩한 부르심을 받고 순종한 믿음의 선진들입니다.

한미연 목사님도 목말라 헤매는 다음 세대에게 예수 그리스도에게서 흘러나오는 생수를 맛보게 하라는 주님의 부르심에 순종하여 학교 앞에서 복음을 전하는 귀한 사역을 하고 계십니다. 비가 오고 눈이 와도, 몸이 아프고 힘들어도 "나가라! 만나라!"라는 하나님의 부르심에 순종하여 2년여의 시간 동안 100회 이상의 학교 앞 건빵 전도를 하며 기록한 생생한 현장 일지가 드디어 책으로 출간되었습니다. 부디 많은 사람들이 이 책을 읽고 복음 전도에 대한 열정과 다음 세대에 대한 비전을 회복할 뿐만 아니라 각자의 자리에서 하나님의 부르심에 순종하길 소망합니다.

❖ **전종휘** 함께걷는교회 집사, 굿뉴스 학원 원장

한미연 목사님은 겉으로 보기에는 연약한 소녀처럼 보이지만, 하나님을 향해서는 순수함과 성실함, 그리고 뜨거운 열정을 가지신 분이십니다. 순수함, 성실함, 열정. 목회자가 가져야 할 이 매우 중요한 덕목들이 고스란히 이 책 《건빵 전도 일기》 안에 담겨 있습니다. 불특정 다수를 향한 거리 전도에 대한 시선이 곱지만은 않은 시대를 살아가지만, 성실하게 건빵을 들고 뜨거운 열정으로 등하굣길을 지켜 왔던 목사님의 이야기는 여전히 불특정 다수를 향한 거리 전도에도 희망이 있음을 이야기합니다.

이 책은 전도의 이론서나 지침서 같지 않아서 좋았습니다. 등하굣길

이라는 전도 현장에서 직접 부딪히고 고민하며 주님과 동행했던 희망찬 이야기들이 살아 있듯이 가득해서 좋았습니다. 이러한 이야기들 외에도 목사님이 전도를 하면서 얻은 전도 방법에 대한 지혜들을 간단한 팁으로 정리하여 곳곳에 남겨 주어 좋았습니다. 저 또한 개척 교회의 목회자로서, 꾸준히 전도하면 하나님의 일하심을 놀랍도록 경험할 수 있다는 데에 동의합니다. 그동안 전도에 대한 두려움과 막연함을 가지고 계셨던 분들이 이 책을 통해 여전히 이 시대에도 복음으로 인한 희망이 있음을 보고 전도에 대한 선한 도전들이 일어나게 되기를 소망합니다.

❖ **최용택** 파주 운정 더라이프교회 담임목사

목차

프롤로그

사무엘은 특별한 아이였다. 어머니 한나가 임신이 되지 않아 고통받고 있을 때 눈물로 기도하여 낳은 귀한 아들이었다. 한나는 눈에 넣어도 아프지 않았을 어린 아들을 엘리 제사장에게 보내어 자라게 한다. 어느 날, 하나님이 잠자고 있던 아이 사무엘을 부르셨다. (신학자들은 아이 사무엘의 나이를 12세 정도로 본다.) 하지만 사무엘은 자신을 부르는 분이 하나님이라는 사실을 깨닫지 못하고, 엘리 제사장에게 달려간다. 이 일이 무려 세 번이나 반복된다. 사무엘이 이런 행동을 반복한 이유에 대해 성경은 "사무엘이 아직 여호와를 알지 못하고"(삼상 3:7)라고 말한다.

사무엘은 모태신앙으로 365일 여호와의 전에 살던 아이였다. 율법에 대한 지식뿐만 아니라 제사를 집례하는 법도 잘 알고 있었을 것이고, 기도도 많이 하는 경건한 아이였을 것이다. 그런데도 하나님을 알지 못한다면 도대체 누가 하나님을 알 수 있다는 말인가! 그러므로 사무엘이 하나님을 알지 못한다는 것은 지식적으로 하나님을 알지 못했다는 뜻이 아니다. 하나님에 대한 인격적인 경험이 부족했다는 이야기이다. 사무엘상 3:1에 보면, "아이 사무엘이 엘리 앞에서 여호와를 섬길 때에는 여호와의 말씀이 희귀하여 이상이 흔히 보이지 않았더라"라고 말한다.

하나님은 그동안 다양한 방법으로 이스라엘에게 말씀해 오셨다. 모세오경을 통해서 직접 하나님의 뜻을 알려 주셨을 뿐만 아니라 선지자를 보내기도 하시고, 꿈이나 환상을 통해 하나님의 계획을 알게 하는 경우도 있었다. 나라가 위기에 처할 때 직접 하나님의 섭리하심을 보여 주기도 하셨다. 예를 들면, 이스라엘이 출애굽 할 때, 백성들은 홍해를 건너면서 살아 계신 하나님을 경험할 수 있었다. 또한, 광야에서 매일 내려오는 만나와 메추라기를 먹으면서 어른이나 아이 할 것 없이 매일 하나님을 만났다. 불가능한 전쟁이 승리하게 될 때 하나님의 군대가 있음을 직접 느낄 수 있었다. 그런데 언젠가부터 이런 하나님의 역사가 희귀해지고 일어나지 않았다. 불행하게도 사무엘이 성장하는 동안 이러한 하나님의 역사하심을 경험해 보지 못했던 것이다. 그 이유는 사무엘상 3:2에서 찾을 수 있다. "엘리의 눈이 점점 어두워 가서 잘 보지 못하는 그 때에" 이것은 육체의 노안을 말하는 것도 있지만, 엘리의 '영적인 눈'이 어두워졌다는 것을 뜻한다. 하나님과 가장 가까워야 할 제사장의 눈이 어두워지니까 그 영향이 온 백성에게 하나님을 만나지 못하게 하는 불행을 가져오게 되었고, 사무엘에게도 그 영향이 미치게 된 것이다.

아이 사무엘의 이야기는 이 시대의 다음 세대와도 비슷하다. 오늘날 다음 세대는 하나님에 대한 지식은 있지만 정작 살아 계신 하나님을 만나보지 못한 세대, 하나님이 부르시는 음성에 제대로 반응하지 못하는 세대이다. 전부 그런 것은 아니지만 과거 기성세대의 경험에 비추면 그렇다는 말이다. 기성세대는 평양 대부흥으로부터 시작하여 한국 교회가 큰 부흥을 이루는 시대를 살았고, 직간접적으로 경험한 세대이다. 하지만 오늘날의 다음 세대는 그렇지 못하다. 교회의 성장이 멈추고 정체

되어 가는 시대에 태어난 세대이기 때문이다. 그래서 우리가 다음 세대에게 무엇을 해 줄 수 있을까? 고민한다. 때로는 종종 목회자와 교회가 타락한 뉴스 보도로 인해 교회가 더 이상 소망이 없다며 자조 섞인 말을 하기도 한다. 하지만 그렇지 않다. 하나님은 기성세대에 부어 주셨던 은혜와 축복 못지않게 다음 세대를 향해서도 크신 은혜와 축복을 준비하고 계신다. 그래서 여전히 연약한 기성세대를 사용하신다.

영적으로 눈이 어두워진 엘리였지만, 세 번이나 사무엘이 자신에게 찾아오자, 하나님의 부르심이라는 것을 깨닫는다, 그리고 사무엘에게 다시 하나님의 음성이 들리면 "여호와여 말씀하옵소서 주의 종이 듣겠나이다"(삼상 3:9)라고 하면서 어떻게 대답하고 행동해야 할지 잘 가르쳐 주어서 하나님의 부르심에 순종할 수 있도록 인도해 준다. 그로 인해 사무엘은 네 번째 하나님의 부르심에 순종할 수 있었고, 엘리의 뒤를 이은 마지막 사사로 세워지게 된다.

이를 통해 두 가지 은혜를 발견하게 된다.

첫째, 아무리 시대가 어둡고 힘들어도 하나님은 새 시대를 위해 또 다른 사무엘을 부르신다는 것이다. 지금 교회에 청년들이 떠나고 다음 세대가 없다고 하지만 그래도 주님은 새로운 사무엘을 준비하시고, 부르고 계시다는 사실이다. 2023년도 2월 미국 에즈베리 대학에서 일어난 부흥을 보면서 우리는 더 확신을 더 가질 수 있다.

둘째, 다음 세대를 부르는 데 있어서 하나님은 여전히 기성세대를 사용하신다는 것이다. 특별히 유명하고 훌륭한 사람만 사용하는 것이 아니다. 비록 영적으로 어두워졌지만, 그런 엘리 제사장의 경험도 사무엘을 위해 사용하신 것같이 하나님은 다음 세대의 신앙적 유익을 위해서라면 기성세대의 경험과 지식, 기도와 전도 등 모든 것을 축복의 통로로 사용하실 수 있다.

따라서 다음 세대의 영적 부흥을 위해서 우리가 할 수 있는 일을 시작하면 된다. 주님은 그것을 사용하신다. 대단한 프로그램이 아니어도 괜찮다. 기도든 전도든 양육이든 할 수 있는 것을 하면 된다. 그래서 나는 교회 밖 다음 세대를 위해 학교 앞으로 간다. 그들을 만나서 힘이 되는 응원의 한마디를 외치며 복음이 담긴 전도 카드와 사랑의 온기가 담긴 건빵을 전한다. 비록 작은 수고지만 주님은 이 모든 것을 사용하실 것이다. 다음 세대가 돌아오는 축복의 통로로 반드시 사용하실 것이다.

머리말

나는 교회를 개척하자마자 코로나19를 겪어야 했다. 연고 한 명 없는 지역에서 그저 하나님의 부르심에 순종하여 시작한 개척이었기에 혼란스럽고 힘든 시간을 보내야 했다. 설상가상으로 몸마저 원인 모를 질병으로 아프고 힘든 날들을 보내야 했다. 하나님의 부르심이 맞는 것인지 의심마저 들었다. 하지만 2년이 지나갈 무렵 기독교 방송에 출연하게 되면서 교회가 활기를 찾게 되었다. 여전히 몸은 아팠지만, 그래도 주님의 인도하심을 느낄 수 있어서 즐거웠다. 하지만 그것도 잠시뿐이었다. 변화되지 않는 성도를 바라보니 목회에 회의감이 찾아왔다. 그때 주님은 내게 다음 세대에 대한 비전을 주셨다. 그 후로 나는 교회 안이 아닌 교회 밖에 있는 다음 세대를 만나기 위해 학교 앞으로 갔다. 등교하는 학생들에게 전도 카드와 건빵을 나눠 주기 시작했다. 그리고 주님은 어린아이의 도시락에 있던 보리떡 다섯 개와 물고기 두 마리를 통해 많은 사람을 먹이신 것처럼 일하기 시작하셨다.

이 책은 어떻게 하면 전도를 잘하여 교회가 부흥할 수 있는가를 알려 주는 책이 아니다. 다음 세대가 부흥하는 방법을 알려 주는 책도 아니다. 그저 연약했던 한 목회자의 작은 순종을 통해 주님이 하시는 일들을 나누는 이야기이다. 주님은 나에게 다음 세대를 품으라 하셨고, 나는 그 말씀에 따라 내가 할 수 있는 가장 작은 일, 건빵 전도로 순종했을 뿐이다. 몸이 연약하여 일주일만이라도 실천해 보겠노라며 시작한 전도를 2년을 넘어 100회 이상 하게 되었다. 그리고 몸도 건강해지게 되었다. 전도는 다른 사람의 영혼도 살리지만, 무엇보다 먼저 전도자의 영혼을 살게 한다. 그리고 교회를 살게 한다. 이러한 이야기가 책에 담겨 있다.

이 책은 5장으로 구성되어 있다. 1장에서는 내가 다음 세대를 품게 된 이야기를, 2장부터 4장까지는 건빵 전도 회차에 따라 일어난 소소하면서도 은혜로운 일들을 썼다. 특히 2장은 등굣길 건빵 전도를 시작한 2개월간의 이야기를 썼는데, 전도 초기라서 전체 전도 기간에 비교하면 분량이 많은 편이다. 3장은 그다음 해 1학기 전도를, 4장은 2학기 전도 이야기를 썼다. 그리고 등굣길 전도하려는 분들에게 도움이 되길 바라며 전도 TIP도 가끔 추가하였다. 참고로 모든 전도 방법이 아니라 '청소년 등굣길' 관련해서 도움이 되는 정보를 써 두었다는 사실을 기억하길 바란다. 그리고 5장에서는 건빵 전도 후기를 다뤘다. 등굣길 건빵을 받은 학생 중 세 명의 후기와 등굣길 전도를 함께한 동역자들의 솔직한 후기이다.

전도를 시작할 당시만 해도 건빵 전도 이야기가 이렇게 책이 되어 나올 것이라고는 생각하지 못했다. 마음이 약해지지 않기 위해 SNS에 쓰기 시작한 전도 이야기였는데, 생각보다 많은 분이 공감해 주고 응원해 주었다. 그리고 계속 전도 이야기를 멈추지 않기를 부탁해 왔다. 그래서 지면을 빌어 늘 응원의 댓글과 '좋아요'로 공감해 주신 페이스북, 인스타그램, 유튜브, 네이버 친구님들께 감사드린다. 등하굣길에 함께한 동역자들과 물질로, 기도로, 전도 작업으로 함께한 후원자님들과 한빛교회 성도들께도 감사드린다. 무엇보다 이 책을 쓸 수 있도록 은혜와 복을 주신 하나님께 감사와 영광을 올려 드린다.

점점 전도하기 힘든 시대가 다가오고 있다. 더욱이 다음 세대를 위한 전도가 힘들어지고 있다. 더 이상 걱정만 하지 말고 씨를 뿌려야 한다. 뿌리지 않으면 거둘 수 없다. 씨앗을 자라고 열매 맺게 하실 하나님을 바라보며, 다음 세대를 향해 복음의 씨앗을 함께 뿌려 보자.

제1장 다음 세대를 품다

1
비전을 주세요

교회를 개척하고 3주년을 맞이했다. 코로나19 팬데믹 가운데서도 교회를 지켜 주신 하나님께 감사했다. 하지만 마음이 그리 편치 않았다. 개척 멤버 없이 가족 성도로만 시작한 교회인 데다가 서울 한복판에 있는 지하상가 교회여서인지 전도가 쉽지 않았다. 더구나 주변에 대형 교회가 많았다. 준비 없이 소명만 받고 바로 시작한 교회 개척이었기에 교회 개척에 대한 정보가 거의 없는 상태였으므로 미숙한 것이 많았다. 이따금 교회에 찾아오는 새 신자가 있었지만 대부분 다른 교회에서 적응하지 못하거나 개인의 문제와 상처를 안고 왔다. 한 명도 평범한 사람이 없었다. 열심히 기도하며 상담하고 심방도 했지만, 성도들이 들어가고 나가고를 반복했다. 애정을 주었던 성도들이 쉽게 떠나버리는 일이 생기자, 회의감이 찾아왔다. 마치 밑 빠진 독에 물을 붓는 것만 같았다. 교회가 안정되지 못하는 상황 속에서 목회 방향을 어떻게 잡고 나아

가야 할지 막막했다. 나는 기도했다.

"주님, 이렇게 힘 빠지는 목회라면 하고 싶지 않아요. 제게 새로운 목회 비전을 주세요! 성도를 바라보지 않고도 열정을 가지고 목회할 수 있도록 새로운 비전을 주세요!"

그러자 주님은 나에게 '다음 세대'와 '책'이라는 두 가지 비전을 주셨다. 하지만 이 두 비전을 목회 방향으로 잡기에는 답답한 면이 있었다. 다음 세대 사역을 하려면 교회 안에 다음 세대가 있어야 하는데, 다음 세대라고는 군대 간 아들과 이제 중학생이 된 딸 한 명밖에 없었다. 사람이 없는데 어떻게 다음 세대 사역을 할 수 있을까? 그리고 책은 써 본 적도 없고 출판사에 아는 사람도 없는데 어떻게 해야 할까? 둘 다 내가 하기에는 너무 버거운 숙제와 같았다. 숙제를 떠안은 학생의 마음으로 하루하루 시간을 보내고 있었다.

그러던 중, 〈주가 일하시네〉를 부른 브라이언 킴 찬양사역자가 인도하는 "더워쉽플레이스" 저녁 집회에 참석하게 되었다. 우리 교회에 나온 지 얼마 안 된 청년 신학생 전도사님이 그곳에서 스텝으로 섬기고 있었다. 집회 모습이 궁금하기도 하고, 전도사님도 격려해 줄 겸 해서 가게 되었다. 집회는 홍대입구역 근처에 있는 한 지하 공연장이었다. 공연장이라서 그런지 보통의 교회와는 다른 분위기여서 몹시 낯설었다. 찬양을 부르기 시작하고 한 십여 분쯤 되었을 때였다. 갑자기 세미한 주님의 음성이 들려왔다.

"딸아, 이 시간에도 목말라 헤매는 나의 자녀들이 너무 많구나."

그러면서 이곳저곳을 정처 없이 헤매며 돌아다니는 젊은 영혼들이 떠올랐다. 나의 영혼 깊은 곳이 아파졌고, 신음이 크게 나왔다. 마치 하나님 아버지가 애통해하시는 마음을 느끼게 하시는 것 같았다. 갑작스러운 성령님의 임재에 놀라고 당황스러웠다. 찬양 시간 내내 가슴 아파하며 기도하였고, 그렇게 집회를 마치고 집에 돌아왔다.

주님은 그날 밤 공연장에서 있었던 일을 꿈으로 보여 주셨다. 내가 공연장에 서 있는데 도시 전체를 덮고도 남을 만한 큰 쓰나미가 보였다. 쓰나미에 매우 놀라서 떠내려가지 않도록 건물 기둥을 붙잡았다. 그러는 사이에 쓰나미가 내가 있던 곳과 그 주변 건물을 휩쓸고 지나갔다. 눈을 떠보니 물에 몸이 허리쯤 잠겨 있었다. 정말 순식간이었다. 그렇다. 집회 가운데 성령님이 임재하셔서 모여 있던 예배자들에게 은혜를 부어 주신 것이다. 그리고 나에게는 다음 세대를 위한 비전을 주셨다. 목말라 헤매는 다음 세대에게 예수 그리스도에게서 흘러나오는 생수를 맛보게 하라는 사명을 주신 것이다. 그렇게 주님은 목회 비전을 달라는 나의 기도에 응답하셨고, 다음 세대를 품게 되었다.

2
다음 세대 사역은 돈이 많이 들어요!

다음 세대에 대한 비전을 받았지만, 현실적인 고민을 하지 않을 수 없었다. '교회에 다음 세대가 몇 명이라도 있어야 사역하는 것 아니냐?'는 의문이 계속 들었다. 그도 그럴 것이 나는 목회를 하기 전까지 20년 가까이 대형 교회에서 어린이들을 대상으로 사역했다. 사람이 있어야 교육하든 무엇을 한다는 생각이 머리에 가득했다. 그런데 우리 교회에 다음 세대라고는 중학생인 딸과 군대 간 아들, 교회에 온 지 얼마 안 된 신학생 전도사가 전부였다. 과거에 했던 사역과 비교하면 너무 초라했다.

그리고 다음 세대 사역은 돈이 많이 든다. 전도하든, 교육하든 무엇을 하든 장기간 투자를 해야 한다. 게다가 금방 결과를 기대하기도 어렵다. 그런데 자립도 안 된 개척 교회 형편에 그것을 감당할 수 있을까? 하는 현실적인 고민도 들기 시작했다.

이런 나의 고민을 주님이 아셨는지 기도하는 데 오병이어의

기적이 떠오르게 하셨다. 아이가 가지고 온 보리떡 다섯 개와 물고기 두 마리를 통해 수많은 사람을 먹이신 것처럼, 교회에 있는 교인의 숫자를 보지 말고 그저 내가 할 수 있는 것을 해 보라는 마음을 주셨다. 나는 마음이 약해지지 않도록 일단 받은 비전을 구체화해야겠다는 생각이 들었다. 그래서 주일 예배 광고 시간에 다음 세대를 세워가는 교회가 되겠다고 비전을 선포했다. 온라인예배를 드리는 분들에게도 물질 후원과 기도를 부탁드렸다.

강단에서 내려와 목양실에서 잠시 쉬고 있는데, 전화 한 통이 왔다. 내가 사역을 하기 전부터 알고 지내던 권사님이었다. 교회를 떠난 후로는 개인적으로 연락을 주고받은 일이 없었는데 10여 년 만에 연락을 주신 것이다. 반갑게 안부를 묻고 나자, 권사님은 기도하는데 며칠 전부터 내가 계속 떠올랐다고 하시면서 헌금을 조금 하고 싶다고 하셨다. 계좌를 알려드리고 바쁜 주일을 보냈다. 그리고 저녁에 교회 계좌를 확인해 보니 300만 원이 입금되어 있었다. 나는 깜짝 놀랐다. 그 권사님은 형편이 그리 넉넉한 분이 아니었다. 불신자 남편으로 인해 늘 믿음의 선한 싸움을 싸우며, 검소하게 살아가는 분이셨다. 그런데 이렇게 큰돈을 보내시다니…. 이 돈은 과부의 두 렙돈 같은 헌금이었을 것이다. 게다가 교회를 개척한 후로 외부에서 한 헌금 중에는 가장 큰 금액이었다. 눈물이 났다.

어떤 이유인지는 모르나 권사님은 300만 원을 헌금할 곳을 놓고 기도 중이었다고 하셨다. 그러다 최근 들어 주님이 나를 생각나게 하셨고 헌금하기로 마음먹게 된 것이었다. 그런데 그 헌금을 보내 주신 날이 바로 다음 세대 비전을 선포한 날이었던 것이다. 물질이 없어서 못 한다고 걱정하면서 후원금을 요청하던 바로 그날 권사님이 보내온 것이다. 권사님은 우리 교회에 온라인 예배가 있는지도 모르셨다. 다만 주님께서 마음에 주시는 감동에 순종하셨을 뿐이었다. 나는 이 일을 통해서 마치 주님이 이렇게 말씀하시는 것 같았다.

"딸아, 돈 걱정 하지 말고 다음 세대 사역을 시작해 보아라!"

이 일이 너무 감동이 되어서 페이스북과 유튜브 커뮤니티에 간증했다. 그랬더니 이름 모를 분들이 후원금을 더 보내 주셨다. 그렇게 권사님의 헌금을 포함하여 500만 원이 마련되었다. 정말 놀라운 일이었다. 나는 그저 주님이 주신 비전을 선포했을 뿐인데 주님은 선포한 믿음 위에 오병이어처럼 일하기 시작하셨다.

3
청소년 등굣길 전도 준비

하나님이 다음 세대 사역을 밀어 주시는 이상 이제 망설일 이유가 없었다. 돈 없어서 못 한다고 했더니 돈을 주셨다. 주님이 주신 돈으로 무엇을 할까? 고민하다가 교회 근처 중고등학교 앞에 가서 등굣길 전도를 해야겠다는 생각이 들었다. 예전에 하굣길 전도를 몇 번 나가 본 적이 있었다. 그런데 하교하는 시간이 학년 및 반별로 차이가 있어서 동일한 학생들을 꾸준히 만나기가 어려웠다. 하지만 등굣길은 일정한 시간에 동일한 학생을 만날 수 있어서 꾸준히 하기에는 가장 좋을 것 같았다.

그러면 이제 전도 용품은 무엇으로 할까? 과거 어린이 전도를 많이 했던 경험을 살려서 남편과 의논했다. 이른 아침 시간이라 밥을 먹지 않고 등교하는 학생들이 많을 것이란 생각을 하면서 먹거리 쪽으로 고민했다. 하지만 코로나19가 완전히 끝난 게 아니라서 반응이 어떨지도 염려스러웠다. 고민 끝에 봉지를 뜯지 않은

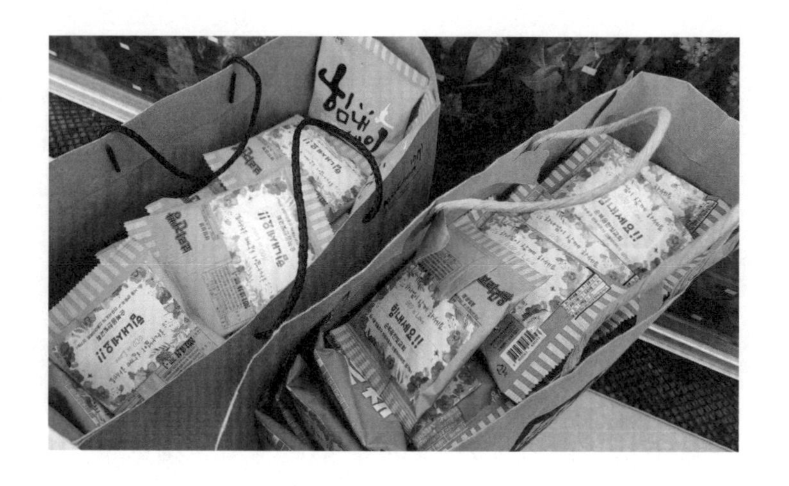

완제품의 과자를 주면 좋겠다는데 이르렀다. 사탕이나 여러 가지 과자를 투명 봉투에 담아 포장하는 방식은 먹기 좋아 보이고 비용도 원하는 데로 조절할 수 있다. 하지만 포장하는 데 시간이 오래 걸리기도 하고, 코로나19 감염에 대한 불안을 줄 것 같았다. 그래서 재포장하지 않고 줄 수 있는 완제품 과자 중에 초코파이와 건빵을 두고 고민했다. 일단 반응을 살피기 위해 두 가지 모두를 각각 다른 날 해 보기로 했다. 과자에는 성경 구절이 들어간 종이 명함 크기의 전도 카드를 직접 제작해서 스테이플러로 찍어서 부착했다. 전도를 위한 준비를 쉽게 하고, 전도 용품이 주머니에 쏙 들어갈 수 있게 하여 쓰레기도 발생하지 않게 하기 위해서였다. 등굣길 전도는 방학 전까지 화요일부터 금요일까지 일주일에 네 번

나가기로 마음먹었다. 그렇게 나는 찬양집회에서 다음 세대에 대한 비전을 받고 2주 만에 등굣길 전도를 위한 준비를 모두 마치게 되었다.

제2장 학교로 간 건빵

4
첫 건빵 전도는 실패?

1회차 우리 교회 청년 전도사님과 함께 첫 등굣길 전도를 나갔다. 건빵이 가득 담긴 가방을 들고 골목에서 고등학생들을 기다리는데 조금 긴장이 되었다. 학생들이 어떤 반응을 보일까? 오랫동안 길거리 전도를 해왔지만, 거절에 대한 두려움이 전혀 없는 것은 아니었다. 영혼 구원에 대한 사명감으로 두려움을 이기고 나갈 뿐이었다.

마음은 단단히 먹었는데, 이상하게 학생들이 잘 보이지 않았다. 특히 고등학생이 많이 지나가는 통학로인데도 몇 명밖에 보이지 않았다. 고등학교 정문에 가니 마침 학교 지킴이(보안관) 선생님으로 보이는 분이 서 계셨다. 등교 시간이 언제냐고 여쭈어보니 등교 시간이 끝났다고 했다. 이럴 수가! 우리가 학생들 등교 시간이 끝나기 직전에 나왔던 것이다. 그래서 지각하는 학생들밖에 볼 수 없었던 것이었다. 허무했다. 들고 간 건빵 가방을 보기가 부끄러웠다. 동행한 전도사님 보기에도 민망했다. 우리 교회에 고등학생이 없다 보니 대충 학생들이 많이 다니던 시간을 짐작해서 나왔는데, 생각보다 등교 시간이 빨랐던 것이다. 돌다리도 두드려 보고 건너라는 말이 있듯이 꼼꼼하게 확인해 보지 않고 열정만 앞섰던 자신을 탓하며 쌀쌀한 아침에 허무함과 씁쓸함을 보태서 돌아와야 했다.

전도 TIP 1. 등하교 '시간'을 확인하자!

초, 중, 고등학교는 등교 시간이 다르다. 우리 동네의 경우 초등학교는 오전 9시, 중학교는 오전 8시 40분, 고등학교는 오전 8시 10분이다. 신학기에는 등교 시간보다 일찍 등교하는 학생이 많다. 아무래도 진급한 학급이나 학교에 적응하기까지 시간이 걸리기에 학생들도 긴장감을 가지고 일찍 등교한다. 하지만 학기가 끝나갈수록 늦게 등교하는 학생이 많다. 특히 등교 시간이 끝나기 10분 전에 등교하는 아이들이 가장 많다. 그러니 너무 일찍부터 나와서 기다리거나 할 필요가 없다. 학교장 재량에 따라 등교 시간이 다른 경우가 있으니, 등굣길 전도나 하굣길 전도를 하려면 해당 학교의 시간부터 잘 점검해야 한다.

5

아침에도 전도가 되는구나!

2회차 첫날의 실수를 만회하기 위해 시간을 잘 맞춰서 나갔다. 남편이 출근하는 길에 조금이라도 함께 전도하겠다면서 같이 나왔다. 골목에서 학생을 기다리는데 첫날보다 긴장이 더 되었다. 사실 첫날에는 늦게 등교하는 몇몇 학생에게만 주었기 때문에 평소 길거리 전도하는 것과 크게 다르지 않았다. 그런데 둘째 날은 달랐다. 이제 본격적으로 학생이 무리를 지어 올 것이기 때문이었다.

드디어 골목 입구에 고등학생이 한두 명 나타나더니 무리 지어 오는 게 보였다. 무슨 말을 하며 줄지 잠시 고민하다가 "화이팅!" 하면서 건빵을 주었다. 다행히 처음 나타난 학생이 별 거부감 없이 받았다. 기분이 좋았다. 두 번째, 세 번째 학생에게도 "화이팅!" 하면서 주었다. 다행히 큰 거부감 없이 학생들이 잘 받았다. 더러 "감사합니다!" 인사하고 받는 학생도 있었다. '아침에도 전도가 되는구나!'라는 생각이 들자, 자신감이 생겼다. 그래서 다음부터는 한결 더 여유로운 마음을 가지고 화이팅을 외치며 나눠 줄 수 있었다. 등교 시간이 끝나가자, 학생들이 더 많아져서 무리를 이루게 되었다. 그러자 학생들이 줄을 서서 받기 시작했다. 물론 안 받고 그냥 가는 학생도 있었지만, 대다수는 기다렸다가 받았다. 손이 부족하여 나눠 주지 못할 정도였다. 예상치 못한 반응에 기분이 너무 좋았다. 마치 교회에서 아이들에게 간식을 나눠 주는 것 같았다. 그렇게 준비해간 200개의 건빵을 순식간에 다 나눠 주었다.

전도 TIP 2. 고백 폭행이 되지 않도록

전도할 때 무슨 말을 해야 할지 고민하는 사람이 의외로 많다. 나도 그랬다. 특히 청소년에게는 더 그랬다. 요즘에는 감성이 중요한 시대다. 이른 아침 피곤한 몸으로 등교하는 아이들에게 "예수님 믿으세요!"라는 말보다는 예수님의 사랑을 감성 있게 전달하고 싶었다. "화이팅!"은 교회를 다니든 다니지 않든 쉽게 공감할 수 있는 기분 좋은 말이다. 건빵에 붙어있는 전도 카드에 성경 구절과 교회 이름이 있기 때문에 굳이 "교회에 나오세요!"라고 말하지 않아도 건빵 주는 이유를 다 안다. "예수 천당, 불신 지옥"처럼 아침부터 무서운 말을 듣고 예수님의 사랑을 떠올리거나 교회에 대해 좋은 이미지를 갖는 사람이 얼마나 될까? 과거에는 이런 단순한 메시지를 통해서도 하나님이 역사하신 것도 사실이지만 시대가 바뀌었다.
단적으로 젊은이들 사이에 고백 폭행이라는 말이 있다. 짝사랑하는 사람에게 갑자기 사랑한다고 고백하는 것을 말한다. 서로 신뢰 관계가 형성되지도 않은 상태에서 갑자기 사랑한다고 고백하는 것은 로맨스가 아니라 상대를 배려하지 않는 심리적인 폭행이 될 수 있다는 것이다. 그런 것처럼 예수님이 누구신지도 잘 모르는 학생들에게 자칫 고백 폭행이 되지 않도록 부드럽게 다가가면 어떨까? 그래서 "화이팅, 힘내세요!"라는 말 한마디는 전도자를 통하여 예수님의 사랑을 부드럽게 전달할 수 있는 좋은 표현이 될 수 있을 것이다.

6
지쳐 있는 학생들

4회차 이날부터 혼자 등굣길 전도를 나갔다. 날씨가 점점 추워지고 있기도 하고, 젊은 전도사님에게 아침마다 나오라고 하기가 미안했기 때문이다. 혼자라 그런지 다소 뻘쭘했지만, 이곳이 나의 출근 장소라고 생각하니까 괜찮았다. 그리고 전도 장소를 바꾸었다. 매일 동일한 장소에서 건빵을 주면 받았던 학생들이 다시 받을 확률이 크기 때문에 금방 싫증을 낼 것 같았다. 반면에 장소를 바꿔서 나가면 학생들을 골고루 만날 수 있는 장점이 있고, 내가 매일 어디선가 건빵을 나눠 주고 있다는 사실도 같은 반 학생들을 통해 알릴 수 있을 것이라는 생각이 들었기 때문이다.

바뀐 통학로는 전날 갔던 곳보다 적은 수의 고등학생이 지나갔다. 호응도 덜했다. 전날 갔던 곳은 폭이 좁은 외길이어서 건빵을 나눠 주기가 좋았는데, 이곳은 상대적으로 통학로의 폭이 넓어서 3~4명이 나란히 서서 걸어갈 수 있는 정도였다. 그러니 아무리 열심히 주어도 못 받는 학생들이 많이 생겼다. 또한 길 건너에 통학로가 하나 더 있어서 학생들이 분산되었다. 건빵을 받지 않는 학생들이 많아지자 실망스러웠다. 학생들이 뜸한 시간에는 혼자라서 그런지 의기소침해졌다. 등교 시간이 끝났지만 가지고 간 건빵이 많이 남았다. 남은 건빵을 들고 다시 돌아가야 하나? 잠시 서서 고민하고 있는데 중학생이 한 명, 두 명 지나가기 시작했다. 이른 시간이었지만 일찍 등교하는 중학생들이 있었다. 이왕에 전도 나왔으니 남은 건빵을 나눠 주고 가야겠다는 생각이 들었다.

중학생들에게 건빵을 주었더니 어리둥절해하면서도 잘 받았다. 건빵 봉지에 붙어있는 전도 카드를 유심히 쳐다보면서 갔다. 생각지 못한 중학생들과의 만남에 다시 힘이 나기 시작했다. 시간이 조금 더 지나자, 중학생들이 무리 지어서 오기 시작했다. 가만 보니 이곳은 고등학생들과 달리 중학생들이 많이 지나다니는 통학로였다. 그런데 날씨가 추워서 그런지 몰라도 고개를 푹 숙이고 등교하는 학생들의 얼굴이 어두워 보였다. 아니 피곤해 보였다. 고등학교 형, 누나보다 등교 시간이 늦어서 잠도 더 잘 수 있을 테고, 나이도 어린데 뭐가 이렇게 피곤하고 힘들어 보일까? 하는 생각이 들었다.

우리 교회가 있는 양평동은 서울 영등포구에 속하지만, 다리 하나만 건너면 목동이다. 목동은 학구열도 높고 학원도 많이 몰려 있다. 목동의 영향을 받아서인지 우리 동네도 학구열이 있는 편인 것 같았다. 오후만 되면 목동에서 온 학원 버스가 학생들을 태워 갔다. 그래서 피곤해 보였던 것은 아닌가 싶다. 그래서 더 안타까웠다. 공부에 지친 아이들이 예수님이 주시는 건빵 선물을 받고 힘을 냈으면 좋겠다는 마음이 들었다. 나는 조금 전에 의기소침했던 마음을 뒤로 하고 활짝 웃으며 말했다.

"화이팅, 힘내자!"

처음 받아 보는 등굣길 인사와 건빵이 어색하지만 싫지는 않아 보였다. 이렇게 중학생들과의 인연은 남은 건빵으로 인해 시작되었다. 전도의 묘미는 이런 것 같다. 현장에 나가 보면 생각지 못한 다른 전도의 길이 또 열린다.

전도 TIP 3. 막연한 불안함 대신 전도 현장으로

건빵 전도 이야기를 SNS에 올린 후로 나에게 건빵 전도하는 법에 대해 문의를 해오는 목사님들이 종종 있다. 궁금할 때마다 나에게 전화를 해도 되냐고까지 하는 분들도 있다. 그러면 나는 "일단 한 번이라도 현장에 나가보세요"라고 말씀드린다. 불안과 두려움은 어떤 일을 행동으로 옮기기 전에 커지는 법이다. 그런데 막상 그 일을 해 보면 막연했던 불안과 두려움이 사라지기 마련이다. 궁금한 것도 쉽게 답을 찾으려 하기보다 내가 현장에 가서 부딪치다 보면 자연스럽게 답을 찾기도 한다. 또 하나님이 새로운 길을 열어 주시기도 한다. 그러므로 막연하게 전도가 힘들 것이라는 걱정만 하지 말고 현장으로 나가자. 예수님도 직접 밖으로 나가 걸어 다니며 전도하셨다는 사실을 기억하자.

"예수께서 이르시되 내가 다른 동네들에서도 하나님의 나라 복음을 전하여야 하리니 나는 이 일을 위해 보내심을 받았노라 하시고, 갈릴리 여러 회당에서 전도하시더라"(눅 4:43-44)

7
교회 홍보하지 말고 제대로 사역하라고요?

5회차 아침에 전도하러 나갔더니 골목 앞에 있는 아파트 경비원 아저씨가 걸어오셨다. 혹시 전도하지 말라고 할까 봐 조금 긴장이 됐다. 그런데 웃으면서 건빵을 더 줄 수 없냐고 하셨다. 처음 여기서 건빵 전도할 때 뭐 하는 거냐면서 관심을 보이시길래 건빵을 몇 개 드렸었다. 그런데 그날 동료 경비원들과 나눠 드시고는 다들 '아주 맛있다' 고 하셨다면서 또 받으러 온 것이었다. 나는 건빵을 드리면서 교회가 가까이 있으니, 동료분들에게 교회 좀 많이 알려 달라고 부탁드렸다.

그리고 이 내용을 유튜브 커뮤니티에 써서 올렸다. 그랬더니 한 구독자가 "전도는 말씀을 따라 지키며 살게 하는 것"이라면서 "교회 홍보하지 말고 제대로 사역하시길 바란다"라는 댓글을 남겼다. 전도 나간 지 며칠 안 되어 이런 댓글을 보니 힘이 빠졌다. 말씀을 따라 지키며 살게 하려면, 먼저 교회에 나오게 해야 할 것

2022년 제51회
전국소년체

문래로
28
Mullae-ro
24

아닌가? 또, 교회 홍보면 어떤가? 주님을 떠나 방황하던 영혼이 전도 용품을 받고 마음이 열려 교회에 가게 된다면 그 또한 얼마나 감사한 일인가?

하지만 이 구독자처럼 길거리 전도에 대해 부정적으로 생각하는 그리스도인이 의외로 많다. 심지어 불신자에게 피해를 준다고 말하기도 한다. 예전에는 사람이 많이 다니는 길거리에 가면 전도지를 돌리는 교회를 심심찮게 봤었다. 하지만 코로나19 팬데믹 이후로는 길거리에서 전도하는 교회의 모습을 보기가 어려워졌다. 우리 동네도 다른 교회에서 길거리에 나와 전도하는 모습을 본 일이 손에 꼽을 정도로 매우 적다. 오히려 이단 신도들이 포교 활동을 열심히 하는 모습을 볼 때가 더 많아서 화가 나곤 한다.

길거리 전도를 부정적으로 보는 큰 이유 중 하나는 효율성이 떨어진다는 점이다. 그래서 관계 전도를 해야 한다고 말한다. 하지만 관계 전도에도 한계가 있다. 교회에 오래 다니다 보면 교회에 다니는 사람과 어울리기 마련이다. 물론 직장이나 사업장, 학교에서 불신자를 만날 수도 있지만, 그들에게 복음을 전한다 해도 거주지가 다를 경우 출석 중인 교회로 인도하기가 쉽지 않다. 교회 가까운 곳에 거주하고 있는 사람을 전도할 때 교회로 인도하기가 쉽다. 그러려면 내가 살고 있는 동네에서 전도해야 한다. 그래야 새 신자의 신앙 관리도 효과적으로 도와줄 수 있다. "너는 말씀을 전파하라 때를 얻든지 못 얻든지 항상 힘쓰라"(딤후 4:2)라는 말씀처럼 우리는 관계 전도가 되었든, 노방전도가 되었든지 모두 해야 한다. 효율성을 따지기 전에 말씀에 순종하는 자세가 필요하다. 불신자에게 불편을 주지 않기 위해 전도하지 않는다면 그들에게 영원한 생명도 나눠 줄 수 없게 된다.

8
꿈에 나타난 등굣길 전도

등굣길 전도를 나간 지 열흘째 되던 날, 꿈을 꾸었다. 길에 서 있는데 버스가 도착했다. 고등학생들이 버스에서 내리더니 제각각 학교 건물 안으로 들어갔다. 곧이어 음식을 먹으려는 듯 식판을 하나씩 들고 서 있었다. 그런데, 식판에 놓인 음식을 보니 시커먼 죽 같은 것이 담겨 있었다. 보는 순간 역겨웠다. '어떻게 저런 음식물 쓰레기 같은 것을 아이들에게 먹으라고 주는 거지?' 그때 내 손에 황금색 양은 주전자가 들려 있었다. 나는 학생들을 찾아가 주전자에 있는 맑고 따뜻한 물을 식판에 따라주기 시작했다. 물을 따르자 김이 모락모락 났다. 물은 또 얼마나 깨끗하고 맑은지 보석처럼 반짝였다. 물을 받은 학생들이 고맙다면서 인사했다. 하지만 컵이 없어서 물을 마시기 불편하겠다는 생각이 들었다. 그래서 학생들에게 말했다.

"다음에는 종이컵을 가져와서 따라 줄게."

그리고 꿈에서 깼다.

매일 학생들이 배우고 있는 세상 지식은 영혼을 살리는 지식이 아니다. 사람의 영혼은 근본적으로 하나님의 입에서 나오는 생명의 말씀을 먹어야 살 수 있다. 그런 점에서 꿈에서 본 황금 주전자와 물은 하나님의 말씀을 뜻하는 것 같았다. 나는 학생들에게 건빵과 함께 명함 크기의 전도 카드를 준다. 카드에는 성경 구절이 인쇄되어 있다. 한 구절이라도 하나님의 말씀을 읽게 하고 싶어서였다. 그런데, 하나님은 종이로 된 이 전도 카드를 종이컵에 담아 주는 생명수로 보이게 하신 것이다. 이 꿈으로 인해 나는 등굣길 전도를 하나님이 정말 기뻐하신다는 사실에 확신을 더하게 되었다. 그리고 얼마 전 '교회 홍보하지 말고 제대로 사역하라'고 했던 댓글로 잠시 상했던 마음을 위로받았다.

전도 TIP 4. 전도 카드

건빵 전도에서 건빵보다 더 중요한 것은 전도 카드다. 전도 카드가 없이 건빵만 나눠 준다면, 그저 봉사활동으로 끝날 수 있다. 매일 건빵 100개씩 4일을 전도하려면, 400장의 전도 카드가 필요하다. 일반적으로 사용하는 전도지는 한 번에 1천 장 이상 대량으로 주문해야 한다. 그리고 용지도 큰 편이어서 학원 전단 같은 느낌을 줄 수 있다. 주머니에 넣기도 불편해서 분명히 쓰레기처럼 버려질 확률이 높을 것 같았다. 그래서 소량으로 주문 제작할 수 있는 명함 크기의 전도 카드를 생각했다. 인터넷에서 무료로 디자인하고 주문 제작할 수 있는 홈페이지가 있다. 여기에 회원가입을 하면 셀프 제작이 가능하다. 디자인비가 들지 않으므로 저렴한 비용으로 제작 및 주문할 수 있는 장점이 있다. 하지만 컴퓨터 사용이 어려운 분은 기독교 쇼핑몰에 나와 있는 명함 전도 카드를 구입하는 방법도 있다.

버터쥐셔 고마워
#한빛교회
#건빵목사

화이팅 !!
부드러운 대답은 분노를 가라앉히지만
거친 말은 화를 돋운다.
잠언 15장 1절(새번역성경)
YouTube
한미연 목사
진격

9
건빵 vs 초코파이

10회차 1차로 주문해 두었던 건빵 상자가 순식간에 사라졌다. 사라진 건빵 상자만큼 보람도 있었다. 주일 날, 성도들과 함께 전도 준비를 했다. 이번에는 초코파이였다. 건빵 반응이 어떨지 몰라서 초코파이도 사 두었었다. 기존의 초코파이와 새로 나온 바나나 맛 초코파이도 있었다. 건빵 전도와 마찬가지로 초코파이 봉지 위에도 전도 카드를 부착했다. 카드가 붙어 있는 초코파이를 보니 깜찍하고 예뻤다.

가방에 담아서 등굣길에 가지고 나갔다. 초코파이의 인지도가 있어서 그런지 아이들이 별 고민 없이 잘 받아 갔다. 그런데 건빵이 아니라고 아쉬워하는 학생도 있었다. 바나나 맛 초코파이를 받고 깜짝 놀라며 좋아하는 여학생도 있었다. 그 모습을 보는데 귀여웠다. 순식간에 전도를 마치고 돌아가는데, 길가 화단 위에 버려두고 간 초코파이가 한두 개 눈에 띄었다. 그동안 건빵은 버린

걸 한 번도 보지 못했는데, 초코파이를 버리고 간 것을 보니 마음이 좋지 않았다. 먹을 게 풍족하니까 초코파이도 대수롭지 않게 버리고 가는구나 싶었다.

나는 전도하면서 의외로 아이들이 건빵을 좋아한다는 사실을 알게 되었다. 학교에 가면 건빵이 맛있다고 한다. 달지 않고 담백해서 밥 대용으로 최고라고 했다. 건빵은 보리로 만든 웰빙 과자이기도 했다. 그래서 건빵을 매일 먹고 싶은 아이들이 일부러 마트에서 사 가는 일들도 생기기 시작했다. 그래서 초코파이 전도는 하지 않기로 했다. 초코파이가 가격은 건빵보다 조금 더 비싼데도 버려지는 것도 있고, 단 것을 싫어하는 학부모와 학생이 있는 것 같아서다. 아울러 건빵의 인기가 나쁘지 않아서 장기적으로 건빵 전도가 좋겠다는 생각을 굳히게 되었다.

전도 TIP 5. 건빵은 품질이 좋은 것으로

전도용 건빵에 대한 문의가 종종 들어온다. 나는 건빵을 선택할 때도 품질과 포장지 상태도 신경을 쓴다. 특히 포장지의 디자인이 중요하다. 건빵 맛의 차이는 거의 없지만, 이왕이면 예쁜 그림이 있는 품질 좋은 과자에 호감이 가기 때문이다. 그래서 가격이 조금 더 비싸더라도 일반인들도 인정할 만한 품질이 좋은 제품을 사용한다. 건빵은 기독교 쇼핑몰과 N 쇼핑몰에서 100개 혹은 200개가 들어 있는 상자 단위로 한 번에 여러 상자를 구매한다. 그래야 택배 비용도 아끼고 저렴하게 구매할 수 있기 때문이다. 참고로, 기독교 회사인 D사 전도용 건빵은 예쁜 디자인이 네 가지나 있고, 복음적인 내용도 인쇄되어 있다. 그리고 E사의 건빵은 생활의 달인이 만든 건빵으로 육, 해, 공군의 캐릭터가 있어서 친근하다는 장점이 있다. 각 회사의 장단점을 비교하여 구입하면 좋을 것이다.

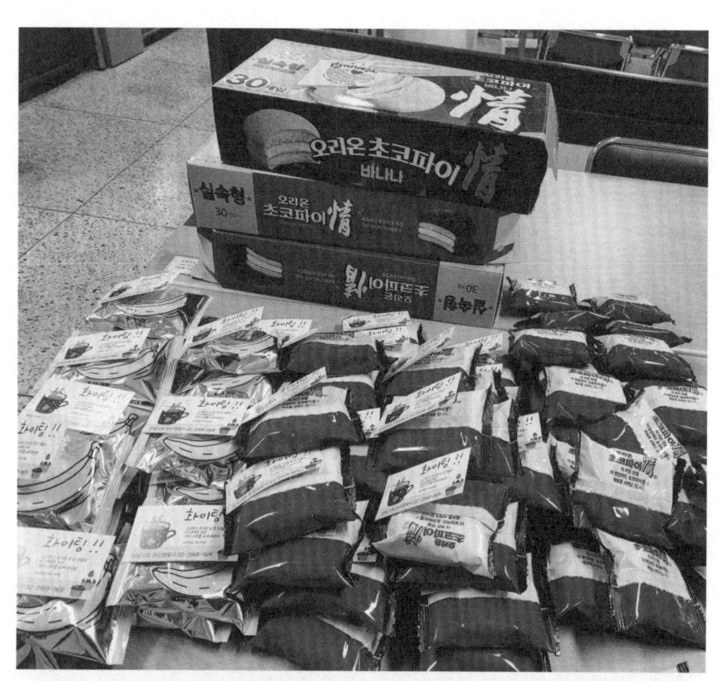
30개입
오리온 초코파이 情
바나나
실속형
오리온
초코파이 情
화이팅 !!

사랑
축복

10
전도하면 건강해진다더니

나는 평소 손발이 차고 추위에도 약하다. 하지만 추위보다 더 큰 문제는 따로 있었다. 바로 체력이었다. 2년 전 크게 아픈 적이 있었다. 병명은 위염과 역류성식도염이었는데, 음식을 먹지 못하고 공황 장애가 나타날 정도로 매우 심각했다. 음식을 제대로 먹지 못하니 두 달 사이에 체중이 무려 9킬로가 줄었다. 자연히 체력도 떨어졌다. 사실 위장병이 생기기 그 전부터 원인 모를 피로감으로 힘든 날이 많았다. 멀쩡하다가도 갑자기 몸이 방전된 것 같은 증상이 나타나 일상생활에 지장이 많았다. 주일에는 설교 강단에 서서 말하기가 힘들 정도였다. 호르몬을 비롯해 여러 가지 검사를 해 보았지만, 병명이 나오지 않았다. 그러던 중에 위장병까지 생겨서 음식을 먹지 못했으니, 피로감과 체력 저하로 보는 사람마다 걱정할 정도였다.

그래서 등굣길 전도를 시작할 때, 걱정이 앞섰다. 이른 아침 시간에 일어나 활동을 할 수 있을지로부터 시작하여 과연 며칠이나 나갈 수 있을지 염려스러웠다. 하지만 다음 세대를 위해서 할 수 있는 일이 딱히 전도 외에는 없었기 때문에 뒷일은 나중에 생각하고 일단 하루라도 시작해 보자는 마음으로 전도를 나가게 되었다.

일주일 등굣길 전도를 다녀온 후, 몸에 이상한 통증이 느껴졌다. 몸 여기저기에서 찌릿한 신경성 통증이 나타났다가 없어지기를 반복했다. 처음 겪어 보는 이상한 통증이었다. '이러다 말겠지…' 하고 그냥 지나쳤다. 그런데 하루 이틀 지나도 없어지지 않고 계속 통증이 심해졌다. 정형외과에 가서 진료받으니 만성염증성 통증 같다면서 진통제와 수액을 놓아 주었다. 그랬더니 거짓말처럼 기운도 나고 통증도 사라졌다. '그동안 나를 괴롭히던 피로감과 체력 저하가 몸에 있는 만성 염증 때문은 아니었을까?'라는 생각이 들었다. 그래서 만성 염증 관리에 좋은 영양제를 찾아보았고, 비타민 종류를 사다 먹기 시작했다. 그랬더니 피로감이 확실히 줄어들게 되었다. 아침에 일어나는 것이 힘들지 않았다. 정말 다행스럽고 감사했다. 처음에는 전도 때문에 무리해서 병이 생겼다고 걱정했는데, 오히려 전도로 인하여 아팠던 병증을 관리할 수 있는 계기가 된 것이다. 전도하면 하나님이 건강을 주신다는 이야기를 많이 들었지만, 이런 방식으로 건강을 회복시켜 주실 줄은 몰랐다. 영양제를 먹고 완전히 기력을 회복한 것은 아니었지만 적어도 전도하기 이전보다는 확실히 몸이 좋아졌다. 책을 쓰고 있는 지금은 줄었던 체중도 다시 회복하고, 음식도 매우 잘 먹고 체력도 더 좋아지게 되었다.

전도하면 좋은 일이 많이 생긴다. 그것은 전도를 오랫동안 해 본 사람이라면 공감할 것이다. 복을 받기 위해 전도하는 것은 아니지만, 이것은 영적인 원리이다. 내가 주를 위해 일하면 주님은 나를 위해 일하신다. 내가 구하지 않고 생각하지 못한 은혜와 축복을 주신다. 주를 위해 수고하며 씨를 뿌리자. 내가 생각하는 방법으로 열매가 맺어지지 않을지라도 그것은 주님의 몫이다. 좋으신 주님은 우리의 수고를 기억하신다. 그리고 우리의 영혼이 잘되고 범사가 잘되며 강건한 축복을 주신다(요삼 1:2).

11
추위도 잘 받아요!

12회차 11월 초에 시작한 전도가 어느덧 한 달이 다 되었다. 날씨도 겨울을 재촉하는 듯 영하로 떨어졌다. 영하로 떨어진다는 일기 예보에 군대 간 아들의 두꺼운 롱패딩도 빌리고, 장갑도 준비해 두었다. 아침에 준비한 방한복을 챙겨 입고 건빵을 들고 골목으로 나갔다. 단단히 챙겨 입어서인지 추위가 크게 느껴지지 않았다. 다만 추운 날씨에도 학생들이 건빵을 받을까? 하는 생각뿐이었다.

골목에 나가니 나처럼 롱패딩을 입은 학생들이 보였다. 한결같이 패딩 주머니에 손을 넣고 걸어가고 있었다. 나는 건빵을 바구니에 담아서 학생들이 가까이 오기를 기다렸다. 그리고 학생들의 주머니를 쳐다보았다. 과연 건빵을 받기 위해 주머니에서 손을 뺄 것인가? 그렇게 아이들을 쳐다보고 있는데 한 명, 두 명 주머니에서 손을 빼는 모습이 보였다. 참으로 기쁘고 고마웠다. 추운 날씨에도 길에 나와 건빵을 나눠 주는 내가 불쌍해 보였는지, 아니면 추우니까 더 배가 고파서였는지 모르지만, 평소보다 건빵을 더 잘 받았다. 감사 인사도 더 잘했다. 가져간 건빵을 학생들에게 다 나눠 주고 돌아오는데 다른 날보다 더 보람 있고, 즐거웠다.

우리는 추우면 추워서 전도를 쉬고, 더우면 덥다고 전도를 쉰다. 사람들이 싫어할 것으로 생각해서이다. 하지만 얼음이 꽁꽁 어는 날씨여도, 심지어 눈보라가 쳐도 전도를 받을 사람은 다 받는다. 우리는 종종 과할 정도로 전도 대상자의 입장을 배려(?)하곤 한다. 이제부터는 지나친 배려와 걱정을 버리자. 준비되었다면, 전도는 그냥 나가면 된다. 날씨는 장애가 되지 않는다. 다만, 우리의 부정적인 생각이 장애가 될 뿐이다.

전도 TIP 6. 전도 용품 보관을 잘하자

눈이나 비가 오는 날은 특히 전도 용품 보관에 신경을 써야 한다. 비록 내가 눈을 맞더라도 전도 용품이 눈을 맞게 해서는 안 된다. 바람이 많이 부는 날씨가 아니라면, 전도 용품이 눈이나 비에 맞지 않도록 반드시 우산을 준비하자. 그리고 사람이 없는 동안에 피할 수 있는 상가 처마 아래나 그늘막 쉼터 같은 곳을 활용하여 지혜롭게 전도하자.

12
교실 책상 위에 놓이는 건빵들

14회차 등굣길 전도를 시작한 후, 나름 장소를 정하여 요일별로 다르게 나가고 있었다. 그런데 학생들이 이런 전도에 대해 어떻게 생각하고 있을지 몹시 궁금했다. 그러던 차에 어떤 중학생 아이에게 학생들의 반응을 듣게 되었다. 같은 반 친구 중 2~3명은 매일 건빵을 받아오는 것 같고, 받아 온 건빵을 책상 위에 올려놓고 먹는다고 했다. 그중에는 자기가 받아 온 건빵을 다 먹고, 다른 친구의 책상 위에 있는 건빵을 보고 나눠 달라고 하는 친구도 있다고 했다. 그러면서 서로 교회에 나가라고 장난치기도 하며 이런 말도 했다고 한다.

"이분 힘드실 텐데, 어떻게 매일 건빵을 나눠 주시지? 정말 대단하신 것 같아."

내가 골목을 바꿔 가면서 건빵을 나눠 주고 있었지만, 건빵을 받아오는 아이들이 반에 늘 있다 보니, 이제 아이들도 내가 어디선가 건빵을 매일 나눠 주고 있다는 사실을 알고 있는 것 같았다. 사람에게 신뢰를 얻는 길은 꾸준함이 최고다. 그래서 매일 전도하고 있다는 사실을 알게 하고 싶었는데 그 작전이 성공한 것이었다.

사실 건빵에 대한 관심은 학생뿐만은 아니었다. 일주일에 하루 정도는 초등학생과 학부모에게도 나눠 주었다. 초등학생은 아무래도 코로나19로 인해 학부모가 걱정할 수 있어서 가급적 고학년 위주로 나눠 주었고, 저학년은 부모님이나 조부모님과 동행하는 아이에게 주었다. 하루는 자녀를 등교시켜 주고 돌아오던 초등학생 어머니 두 명에게 건빵을 드렸다.

"이게 뭐예요?"

"아이들 힘내라고 건빵을 나눠 주고 있어요."

그러자 밝은 표정으로 웃으며 좋아하셨다.

"아, 이게 그 건빵이구나! 오늘 아침에 우리 애가 건빵 먹고 싶다고 했는데, 이거였구나!"

그러면서 등교할 때 받아 가지 못해서 아쉽다고 하셨다. 그렇게 전도 건빵의 존재는 학부모들 사이에서도 알려지고 있었다.

건빵 전도는 단순히 과자를 나눠 주는 봉사활동이 아니다. 건빵을 즐겁게 먹는 아이들을 통해 학부모에게도 영향을 끼친다. 건빵을 친구들과 사이좋게 나눠 먹고, 집에 가서 등굣길에 건빵을 나눠 주는 목사님과 교회를 칭찬하는 아이들을 상상해 보라. 얼마나 보람 있고, 가슴 설레는 일인가!

13
시험 기간에 시험을 안 본다고?

16회차 추운 날씨에도 등굣길에 단어장이나 시험지를 보면서 등교하는 학생들이 있었다. 다른 날보다 마스크 위로 나온 얼굴도 피곤해 보였다. 등교하는 학생들의 수도 적었다. 그 이유는 기말 시험을 보는 날이기 때문이다. "화이팅, 시험 잘 보세요!" 응원하면서 건빵을 주었다. 빙긋이 웃으며 고마워하는 학생도 있고, 시험 때문에 예민한지 그냥 지나가는 학생도 있었다. 시험 기간인 것을 알고 평소보다 건빵을 조금 가지고 나갔는데도 남았다. 그것은 시험을 보지 않는 학생들이 있기 때문이다.

중학교 1학년은 중간고사나 기말고사 기간에 시험을 보지 않는다. 2~3학년이 시험을 보는 동안 반별로 체험학습을 간다. 그리고 우리 동네 고등학교 1학년은 시험 기간에는 평소보다 늦은 10시쯤에 등교한다. 처음에는 이런 사실을 잘 몰랐다. 특히 고등학교 학사 일정을 잘 몰라서 건빵을 남겨 온 적이 종종 있었다. 그 외에 '창의 체험의 날'이라고 해서 등교 시간이 조금 늦고, 사복을 입고 등교할 때도 있다. 이렇게 나는 학생들의 학교생활에 관심을 두게 되었고, 학사 일정도 잘 체크하게 되었다. 그래서일까? 한 달이 되니 학생들이 이젠 우리 교회 학생들인 것처럼 정이 가고 사랑스러워 보이기 시작했다. 무뚝뚝하면 무뚝뚝한 대로, 밝게 인사하면 인사하는 대로 다 이쁘고 좋았다. 그렇게 나는 아이들과 사랑에 빠지기 시작했다.

전도 TIP 7. 학사 일정을 확인하자

아침 일찍 출근했는데 회사가 쉬는 날이라고 하면 얼마나 허무하겠는가! 쉰다는 즐거움보다 아침부터 출근 준비하느라 수고한 시간이 허무하게 느껴질 것이다. 전도도 마찬가지다. 변수가 많은 학교의 일정을 알고 있지 못하면 헛수고하는 날이 생기기 마련이다. 학교 홈페이지에 가면 학사 일정표가 공지되어 있다. 그것을 전도에 활용하자. 또는 교회에 나오는 학생에게 부탁하여 학사 일정표를 사진으로 찍어서 보관하거나 달력에 표시해 둔다면 더 알차게 전도할 수 있게 된다.

14
눈 오는 날의 감성 있는 전도

17회차 이른 아침부터 눈이 왔다. 하늘에서 내리는 눈을 보니 겨울이 왔구나 싶고 또한 크리스마스 분위기가 나니까 설레고 좋았다. 이렇게 눈 오는 날에는 그 나름대로 감성이 있어서 참 좋다. 눈이 왔지만, 날씨가 생각보다 춥지 않아서 전도하기에는 더 좋았다. 다만 눈이 녹아서 전도 카드가 젖을까 봐 신경이 좀 쓰였다. 준비해 간 우산으로 건빵이 들어 있는 가방에 씌어 놓고 여느 때처럼 바구니에 건빵을 담아서 나눠 주었다. 아침을 안 먹었다면서 좋아하는 학생들을 보니 보람이 있었다.

거리 전도의 단점이자 장점은 사계절을 느낄 수 있다는 것이다. 눈이 와서, 비가 와서, 또는 너무 더워서, 너무 추워서 전도하기 힘들다고 한다. 하지만, 달리 생각해 보면 눈이 오면 눈 구경할 수 있어서 좋고, 비가 오면 우산에 떨어지는 빗소리를 들으며 전도해서 좋다. 더우면 시원한 그늘을 주시는 하나님이 감사하고,

추우면 돌아갈 따뜻한 집이 있어서 감사해진다. 어떻게 생각하느냐에 따라서 전도의 묘미가 되기도 하고, 방해 조건이 되기도 하는 것이다. 물론 매일 이렇게 다 긍정적으로 생각하는 것은 아니다. 적어도 전도하는 날의 날씨에 대해서는 이렇게 생각하고, 전도하러 나가면 훨씬 발걸음이 가볍고 즐거워진다.

고등학생 전도를 마치고 중학교 근처에 있는 통학로로 갔다. 길옆 상가 건물에 지하 마트로 들어가는 입구가 있었다. 학생들이 오지 않는 동안은 상가 입구에 서서 눈을 피했다. 그러다 멀리 학생들이 오는 게 보이면 얼른 나와서 건빵을 나눠 주었다. 다행히 눈이 와도 학생들이 잘 받았다. 이쪽 통학로는 자주 오는 곳이 아니어서 그런지, 드디어 자기도 건빵을 받았다고 좋아하는 학생이 종종 있었다. 나를 알아보고 일부러 달려와서 건빵을 받아 가는 학생도 있었다. 예상치 못한 호응에 춥지만, 즐거웠다. 처음 나갈 때만 해도 표정이 어두웠던 중학생 아이들이 회를 거듭할수록 표정도 밝아지고 감사 인사를 많이 했다. 까칠한 중딩인 줄 알았는데 보면 볼수록 아이들이 순수하고 착했다.

우리 교회는 코로나19가 한창일 때도 길거리 전도를 쉬지 않았다. 사회적 거리두기가 한창일 때는 교회 앞 사거리 횡단보도 앞에 탁자를 두고, 그 위에 전도용 마스크와 물티슈를 두고 비대면 전도라도 했다. 코로나19로 인해 거리에서 전도하는 교회를 찾

아볼 수 없고, 또 전도해도 받지 않는 사람이 많았다. 그런데 청소년들은 달랐다. 어른들보다 마음이 열려있었다. 그래서 물티슈를 주어도 감사하다며 받아 가곤 했다. 하지만 청년들의 경우 전도를 잘 받지 않았다. 마음이 닫혀있는 경우가 많았다. 그렇기에 학생들의 마음이 열려 있을 때 전도를 많이 해야 한다. 청소년들이 청년이 되어 영영 마음이 닫히기 전에 할 수 있는 데로 계속 전도해야 한다.

15
두 명이 떠나고, 두 명이 왔어요

등굣길 전도가 한 달이 되었다. 하지만 전도되어서 교회에 온 학생은 없었다. 그런데 교회에 잘 나오던 성도가 갑자기 떠나는 일이 생겼다. 정을 주고 몇 달간 함께 해왔던 성도들이었는데 공교롭게도 다음 세대를 위한 첫 집회가 있던 주간에 두 명이 떠났다. 각각 사유는 달랐지만, 힘이 빠졌다. 전도 열매는 고사하고 두 명이나 떠나다니…. 하지만 이 또한 좋은 일의 징조라고 생각하면서 빨리 마음을 추슬렀다. 20년간 교사로 또, 교육전도사로 사역하면서 주님이 기뻐하시는 일을 할 때 마귀가 힘을 빼기 위해 방해하는 경험을 많이 했다. 그래서 마음이 아픈 만큼 주님이 더 큰 은혜와 복을 주실 것이라 믿고, 전도를 멈추지 않았다.

그런데 그 믿음대로 정말 좋은 일이 생겼다. 성도 두 명이 떠난 그 주간에 한 통의 전화를 받았다. 신대원 동기 목사님이었다. 목사님이 제주도에 있는 교회에 부교역자로 가게 되었는데, 가족은 함께 갈 수 없어서 사모님이 우리 교회에 와서 함께 예배를 드리고 싶다는 것이었다. 너무 기쁘고 감사했다. 그렇게 사모님이 고등학교 입학 예정인 딸과 함께 우리 교회에 나오게 되었다. 바로 두 명의 성도가 떠난 그 주간이었다.

동기 목사님과는 서로 연락하며 지낸 사이는 아니었다. 이 일이 있기 한 달 전, 오랜만에 한세대 신대원 동문회에 갔다가 목사님을 만났고, 이후 함께 식사할 기회가 있었다. 그날 목사님이 사모님과 함께 식사 자리에 오셨다. 사모님은 내가 나온 CBS "새롭게 하소서" 방송을 보시고, 나를 한번 만나고 싶다는 생각을 계속해 오셨다. 그런데, 식사 약속을 앞두고 내가 남편 목사님과 동기라는 것을 알게 되자 너무 놀랍고 반가운 마음에 함께 식사 자리에 나온 것이었다. 주님의 시간은 어쩌면 그렇게 정확하신지…. 허전한 두 사람의 자리를 주님은 그렇게 신실한 사모님과 딸을 보내서 채워 주셨다.

전도하다 보면 시련이 있기 마련이다. 교회 안팎에서 여러 가지 문제가 생길 수 있다. 사단 마귀가 전도하는 것을 방해하기 때문이다. '힘들게 전도해 봐야 소용없어. 하나님은 나의 전도에 관심이 없으셔' 이런 의심이 들게 만들어 전도하지 못하도록 하기 위함이다. 전도는 눈에 보이지 않는 영적 싸움이다. 그러나 포기하지 않는다면 무조건 승리하는 싸움이다. 시련을 두려워하지 말

자. 주님은 몇 명을 교회에 나오게 했느냐는 숫자를 묻지 않으신다. 그저 땅끝까지 이르러 내 증인이 되라고 하신 주님 말씀에 순종하는 것만으로도 기뻐하신다. 전도의 결과는 주님께 맡기고 주님 말씀에 순종하는 자세로 영적 전투 현장으로 나가자.

16
한파도 막지 못하는 장난꾸러기 중학생

20회차 영하 11도의 한파가 온다고 해서 전날 밤부터 긴장되었다. 추위도 많이 타는 내가 장시간 길에 서서 전도할 수 있을까? 그리고 계속되는 외부 일정으로 쉬지 못해서인지 전날 밤에는 몸이 많이 힘들었다. 주님께 등굣길 전도를 나갈 수 있도록 새 힘을 달라고 기도하고 잠이 들었다. 다행히 평소보다 잠을 푹 잤고, 아침에 일어나니 새 힘이 솟았다. 아침 일찍 옷을 단단히 챙겨 입고, 손 핫팩도 주머니에 넣고 나갔다. 고등학교 정문 쪽으로 걸어가는데 학원에서 나왔는지 세 사람이 열심히 학원 홍보 전단을 돌리고 있었다. 영하의 날씨에도 열심히 전단을 돌리는 분들을 보니 나도 열심히 해야겠다는 마음이 들었다.

수요일마다 전도하던 횡단보도 쪽으로 가서 고등학생 전도부터 시작했다. 연일 계속되는 추위에 학생들이 잔뜩 웅크린 몸으로 천천히 걸어왔다. 그래도 눈이 올 때처럼 날씨와 관계없이 잘 받았다. 고등학생 전도를 마치고 중학생들을 만나러 갔다. 중학생들은 하루가 다르게 정이 들어갔다. 나를 보고 웃고 편안하게 다가오는 학생들이 점점 많아졌고, 친구 것도 챙겨가는 학생도 있었다. 그러다 길 건너 횡단보도에 빨간불이 들어와서 잠시 학생들이 없는 시간이었다. 길에 서서 중학생들을 기다리는데 재미있는 광경을 보았다. 중학교 건물 외벽을 둘러싸고 도로 쪽에 투명 방음벽이 있는데, 그 사이로 여러 명의 남학생이 뛰어다니며 장난을 쳤다. 그중 한 아이가 방음벽 너머에 있던 나를 발견하고는 해맑게 웃으며 다가왔다. 그리고는 쪼그리고 앉아서 건빵을 달라며 두 손을 내밀었다. 그 모습이 어찌나 귀엽던지 건빵을 주고 싶었다. 그래서 방음벽 위를 쳐다보았다. 하지만 방음벽이 너무 높아서 내 힘으로는 던져줄 수 없었다. 나는 높아서 던질 수 없다는 제스처를 했다. 그러자 학생이 아쉬운 마음을 장난스럽게 표현하고는 학교 건물 안으로 다시 들어갔다. 한파 속에서도 명랑하게 뛰어다니는 학생들을 보니 금방 추위도 잊어버렸다.

전도 회차가 더해 갈수록 동네에 길거리 친구가 생겨나는 것 같아서 기분이 참 좋았다. 바로 전날에는 한 어린이가 페이스북에서 나를 봤다면서 인사하고 지나갔다. 성실하게 길거리 전도를 하다 보면 친구가 생긴다. 전도 대상에 따라 자주 만나는 주민, 경비원, 상가 사장님 같은 어른 친구일 수도 있고, 나처럼 등하굣길에 만나는 어린이와 청소년 친구가 생길 수도 있다. 길거리 친구가 당장 교회에 나오는 것은 아니지만, 외로운 전도 현장에서 때론 힘이 되고, 위로가 된다. 그리고 전도와 관련된 좋은 정보도 얻을 수 있다.

전도 TIP 8. 추위에 대비하라

겨울 전도를 생각하면 추워서 하기 힘들다는 생각부터 떠올릴 것이다. 하지만 평소 추위를 심하게 타는 나도 해냈다. 영혼을 사랑하는 마음, 전도의 사명을 감당하려는 마음만 있으면 추위는 아무런 장애가 되지 않는다. 모자가 달린 롱패딩을 입고 장갑을 끼고 핫팩을 준비하면 웬만한 추위는 이겨낼 수 있다. 마스크까지 끼고 부츠도 착용하면 완전히 무장한 군인처럼 만반의 준비가 끝난다. 추운 날씨에 등교하는 학생들을 생각하면서 방학 전까지 학교 앞으로 나가자.

17
건빵 원정 온 초딩들

21회차 일주일 중 하루는 초등학생과 중학생이 동시에 많이 다니는 통학로에서 전도한다. 한 달이 넘으니 제법 눈에 익은 학생들과 어머니들이 많아졌다. 중고생은 체육복을 입고, 마스크를 쓰고 있어서 얼굴을 익히기가 쉽지 않았다. 하지만 초등학생과 학부모들은 옷이나 헤어스타일 등의 특징이 있어서 알아보기가 쉬운 편이다. 그래서인지 자연스럽게 "안녕하세요!" 인사하고 지나가는 아이들과 어머니들도 종종 있었다. 그리고 초등학생들은 건빵 전도에 무척 호의적인 편이어서, 길을 가다가 일부러 와서 쳐다보거나 건빵을 줄 때까지 가지 않고 서 있는 경우도 있었다. 그래서 초등학생을 대상으로 전도하면 건빵 전도가 더 신이 날 것 같은 생각이 들기도 했다.

이날도 초등학생 남자아이 세 명이 반대편에서 내가 있는 쪽을 향해 열심히 뛰어오는 것이 보였다. 왠지 나에게 건빵을 받으러 오

는 것 같았다. 나에게 달려와 숨을 몰아쉬는 아이에게 말했다.

"건빵 받으러 왔니?"

"네!"

건빵을 받은 아이가 같이 뛰어온 친구에게 말했다.

"나 이거 먹어 봤는데 되게 맛있어!"

내가 건빵을 나눠 주고 있다는 이야기를 듣고, 먼저 뛰어온 아이가 친구 두 명을 데리고 온 것이었다. 어찌나 귀엽던지, 친구랑 나눠 먹으라고 하나 더 주었다. 아이들이 고맙다면서 인사하고 다시 학교를 향해서 뛰어갔다.

다음 세대 전도 중에서도 가장 결과가 빠르게 나타나는 세대는 단연 초등학생이다. 어린이들은 어른들처럼 교회의 외적인 환경에 크게 신경을 쓰지 않는 편이어서 더 잘 받아들이는 것 같다. 그래서 개척 교회에 어린이가 많은 이유도 그중 하나일 것이다. 특히 돌봄이 필요한 어린이들이 많이 거주하는 지역에서는 아직도 어린이 전도가 잘 된다고 한다. 하지만 쉽게 오는 만큼 떠나는 일도 쉽다고 한다. 나는 과거에 어린이 사역을 오래 했기 때문에 어린이 전도를 해 보려고도 했다. 하지만 코로나19라고 하는 특수성 때문에 쉽지 않았다. 또한 학부모 중에는 아이들에게 간식을 준다는 이유로 경찰에 신고한 경우도 종종 있다고 들었기 때문이다. 하긴 나도 딸이 초등학교 다닐 때 모르는 사람이 주는 것을 받지 말라고 교육했으니, 이해를 못 하는 바가 아니다. 더구나 코로나19로 먹거리에 예민한 시기이니 더 말할 것도 없다. 그래서 고민 끝에 초등학생 전도보다는 그나마 부모가 안심할 수 있는 청소년을 전도하는 게 좋겠다는 생각에 이르게 되었다. 그리고 재정적인 측면에서도 초등학생까지 전도 하려면 전도 비용이 너무 많이 들기 때문이다. 우리에겐 선택과 집중이 필요했다.

18
학교 정문에서의 첫 전도

22회차 다음 세대를 초청하기 위한 집회를 처음으로 계획했다. 전도 카드와 별개로 홍보 전단도 만들었다. 집회도 알릴 겸 평소보다 많은 건빵을 들고 나갔다. 그런데 이상했다. 학생들이 보이지 않았다. 고등학교 정문 쪽을 쳐다보는데 웬일인지 횡단보도에서 교통 봉사하는 선도부 학생들도 보이지 않았다.

'시험 기간도 아닌데 왜 학생들이 없지? 내가 모르는 학교 행사가 있나?'

하는 수 없이 무겁게 들고 간 건빵을 들고 다시 집으로 돌아왔다. 잠시 쉬었다가 중학생들을 만나러 나갔다. 빙판길을 조심하며 고등학교 앞을 지나가는데, 마침 배움터 지킴이 선생님이 정문에서 큰 빗자루를 가지고 눈을 쓸고 계셨다. 나는 선생님께 말했다.

"오늘 학교가 쉬나 봅니다."

"눈이 많이 와서 등교 시간이 9시 10분으로 늦어졌어요."

눈이 많이 오는 날에는 등교 시간이 늦춰질 수 있다는 사실을 그제야 알았다. 아울러 전도할 수 있다는 생각에 기분이 좋아졌다. 정문에는 학원 홍보물을 나눠 주러 나오신 아주머니가 있었다. 그런데 돌아가지 않고 학생들을 기다리는 것처럼 보였다. 잠시 이야기를 나누었다. 아주머니는 등교 시간이 늦춰진 줄 모르고 7시부터 나와서 학생들을 기다렸다고 하셨다. 아주머니를 통해 이 학교 앞에서는 전도할 수 있다는 사실을 알게 되었다. 아주머니에게 조금 있다가 오겠다고 인사하고 중학생을 맞이하러 갔다.

고등학생들을 이제는 학교 정문에서 만날 수 있다고 생각하니 힘이 나고 기분이 좋았다. 이런 내 마음을 마치 중학생들이 알기라도 한 것처럼 더 반갑게 맞아 주는 것 같았다. 어떤 남학생은 계속 뒤돌아보며 친근하게 웃었다. 가만 보니 엊그제 방음벽을 두고 나에게 장난치던 학생 같아서 손을 흔들어 주었다. 중학생 전도를 마치고 다시 고등학교 정문으로 왔다. 정문에서 전도하는 것이 어색했지만, 전단 아주머니를 힘입어 당당하게 서 있었다. 드디어 고등학생이 한 명 두 명 보이기 시작했다. 그동안 골목에서만 건빵을 주다가 학교 정문에 나타나니까 뜻밖이라는 듯의 표정으로 더러는 반가워하는 것 같았다. 어떤 학생은 "와~ 나도 건빵 받았다!"라고 하면서 좋아했다. 그렇게 모든 건빵을 다 나눠 주었다. 하마터면 남을 뻔했던 건빵이었는데, 포기하지 않고 다시 전도하러 갔다가 고등학교 정문에서 나눠 줄 수 있게 되었다. 빈 건빵 가방을 들고 돌아오는데 정말 흥분되고 기분이 좋았다.

전도 TIP 9. 기상 이변에 대비하자

등하굣길 전도는 학사 일정에 따라 변동이 생기곤 한다. 특히 기상 이변과 같이 돌발 상황으로 인한 등하교 시간 변동까지 알기는 어렵다. 전도 당일 학생들이 보이지 않을 경우, 학교에 전화해 보거나 학교 정문에 상주하고 있는 지킴이 선생님에게 직접 확인해 보는 것도 좋다. 그리고 학원 홍보물을 돌리기 위해 나오는 분들이 있다면 서먹서먹하게 대하지 말고, 인사도 하고 친근감 있게 대화하면서 필요한 정보를 얻는 것도 전도에 도움이 된다.

19
거리도 예배 장소

23회차 중학교 앞에 있는 사거리에서 전도했다. 지나가는 학생들이 없어서 잠시 도로를 쳐다보았다. 출근 시간이라 버스와 승용차가 많이 서 있었다. 그동안 학생들만 보면서 전도하다 보니 차가 이렇게 많이 서 있는 줄 미처 알지 못했다. 버스 안에 있는 승객들과 승용차에 타고 있는 사람들이 나를 쳐다보고 있었다. 눈이 마주치자 새삼스럽게 부끄러웠다. 나라고 부끄러움이 없는 것이 아니다. 사람들이 쳐다보면 어색하고 민망하기는 마찬가지다. 더구나 혼자 있으니 더 그랬다. 문득 이런 생각이 들었다.

'승객들이 나를 보면서 무슨 생각이 들까?'

'웬 아줌마가 아침부터 아이들한테 뭘 나눠 주고 있나?' 하는 궁금한 눈빛으로 볼 것 같았다. 하지만 그중에는 불신자뿐만 아니라 교회에 잘 다니고 있는 신자도 있을 것이고, 다니다가 낙심한 신자도 있을 것이다. 아마도 내가 전도하는 모습을 보고 각자 형편에 따라 여러 가지 생각이 들 것 같았다.

긍정적으로 생각해 보면, 신자의 경우 전도에 대한 도전을 받을 수도 있을 것이고, 다시 교회에 나가고 싶다는 생각이 들 수도 있을 것 같았다. 그러자 내 마음에 '아, 내가 전도하는 것은 꼭 학생만은 아니겠구나!' 하는 생각이 들었다. 예수님을 전하는 길거리가 하나님을 예배하는 거룩한 장소라는 생각이 들었다. "부르신 곳에서 나는 예배하리"라는 찬양의 가사처럼, 주님이 부르신 곳에서 복음을 전하는 그 장소가 바로 주님을 예배하는 처소가 되는 것이다. 전도는 삶 가운데 드리는 또 하나의 예배가 되는 것이다.

거리 전도가 힘든 것은 사람들에게 거절당하는 것에 대한 두려움도 있지만, 당장 눈에 보이는 결과가 나타나지 않기 때문에 시간 낭비, 돈 낭비한다는 회의적인 시선이 있기 때문이다. 나도 그런 적이 있었다. 그래서 전도를 두려워하는 사람들의 마음을 누구보다 잘 안다. 그러나 주님이 한결같이 주시는 메시지는 '눈에 보이는 것으로 판단하지 말고, 너는 그저 너의 일을 하라!'는 것이다. 나도 전도가 자신 있어서 하는 것은 아니다. 마음이 약해질 때가 있다. 그러면 다음 세대를 향한 등굣길 전도를 주님이 참으로 기뻐하신다는 것을 계속 느끼게 하신다. 그래서 또 하루 순종하여

그 자리에 나간다. 그러면 그날 또 전도할 힘을 주신다.

가성비를 따지며 이것저것 재고 미루다 보면 할 수 있는 일이 없다. 예수님이 우리를 구원하신 일 자체가 가성비가 없는 일이셨다. 주를 믿고 따르는 것은 가성비를 따지는 세상과 반대로 가야 한다. 주님께 올려드리고 묵묵히 그저 할 수 있는 일을 해야 한다. 잔칫집에 포도주가 떨어졌을 때 비어있는 돌항아리에 물을 채워 넣는 심정으로 내가 할 수 있는 것부터 하자. 길거리로 나가자. 물을 포도주로 만들어 주시는 것은 주님이 하실 것이다.

20
전도는 보이지 않는 영적 전쟁

25회차 전날 눈이 많이 왔다. 다행히 대부분 녹았지만, 빙판길도 있어서 조심하며 전도했다. 이제 추운 날씨에 적응했는지 영하 9도라는데 추운지도 몰랐다. 하지만 안경에 김 서림이 심해져서 앞이 잘 보이지 않고, 마스크 안쪽에는 물방울까지 맺혀서 불편했다.

길거리 전도를 해 보면 여러 사람이 올 때 맨 앞에 오는 사람이 전도지를 받으면 대체로 다음 사람도 잘 받는다. 하지만 앞에서 받지 않으면 뒤따라오던 사람도 줄지어 받지 않는 경우가 많다. 청소년들도 비슷했다. 골목길에서 앞에 온 아이가 받으면 대체로 다 잘 받는다. 하지만 한두 명이 받지 않으면 줄줄이 다 받지 않고 그냥 지나갈 때도 있다. 그러면 건빵을 들고 서 있는 게 뻘쭘하고 창피할 때도 있다. 그래도 성인 전도에 비해서 호의적인 편이라 학생들의 70~80%는 잘 받는 편이다. 특히 전날처럼 눈이 올 때는 10명

중 9명은 거의 다 받는다. 한 명씩 느린 걸음으로 오다 보니 마음 준비를 해서 그런지 몰라도 인사까지 하면서 받는다.

전도는 보이지 않는 영적 전쟁이다. 청소년들이 사랑스럽기도 하고, 전도하며 보람을 느끼는 것이 사실이지만, 나도 그날그날 마음이 다르다. 어떤 때는 거절을 당하면 마음이 상하고 힘이 빠지기도 한다. 그래서 평소 기도로 준비하여 강하고 담대한 마음을 구한다. 성령 충만을 받기 위해 힘들어도 은혜받는 자리에 가려고 노력한다. 내 영혼이 살 때 다른 사람의 영혼도 살릴 수 있기 때문이다. 특히, 다음 세대 집회에 참석하려고 노력한다. 교회가 작다 보니 많은 회중과 함께 예배드리는 것만으로도 힘이 날 때가 있다. 그래서 내 안에 있는 은혜의 샘이 마르지 않도록 주의한다. 내 안에서 예수 그리스도의 생명이 흘러넘칠 때 그 생수를 함께 나누어 주어도 지치지 않기 때문이다.

전도 TIP 10. 안경 김 서림 방지 티슈

날씨가 추우면 안경을 쓰는 사람은 김 서림으로 인해 불편을 겪는다. 특히, 마스크를 착용하면 안경알에 금방 김이 서려서 앞이 잘 보이지 않는다. 그런데 조금만 알아보면 김 서림 방지용 손수건이나 일회용 티슈를 구입할 수 있다. 두 가지 모두 사용해 보았는데, 개인적으로는 일회용 티슈 효과가 좋았다. 잘 닦으면 거의 하루 종일 김 서림이 없었다. 가격도 크게 비싸지 않아서 많이 구입해서 전도팀이 함께 사용할 수 있도록 했다. 안전하고 효과적인 전도를 위해 안경 김 서림 방지 티슈를 이용하는 것도 좋을 것이다.

21
크리스마스 초코파이 전도

26회차 영하 14도의 한파 속에 크리스마스가 다가왔다. 어릴 때 크리스마스에 받았던 초코파이가 생각나서 건빵 대신 초코파이를 준비했다. 학생들도 좋아했으면 하는 바람으로 성탄 축하 메시지를 담은 스티커를 제작했다. 전도 카드 대신 스티커를 초코파이 봉지 겉면에 붙여서 평소보다 많은 양을 가지고 학교 앞으로 나갔다. 이날은 전도사님과 동행했다. 나처럼 전도사님도 추위를 많이 탄다. 그래서 전날 미리 한파가 있으니 단단해 챙겨 입고 나오라고 말해 두었다. 초코파이가 가득 담긴 가방을 내가 하나 들고나왔고, 전도사님도 한 개 들고나왔다. 일러 준 대로 두꺼운 패딩을 입고 완전무장 하여 나왔다. 이른 시간이라 그런지 전도사님의 눈이 많이 부어 있었다. 전도사님은 체격이 왜소하여 사실 30대 초반이라는 나이에 비해 청소년처럼 어려 보인다. 그래서 아들처럼 느껴질 때가 많다. 힘들 텐데 순종하고 나와 준 전도사님이 고마웠다.

전도사님과 둘이 가방에 있던 초코파이를 바구니에 담았다. 학생들이 한꺼번에 많이 지나가기 때문에 플라스틱 바구니에 옮겨 담아 놓은 뒤에 나눠 준다. 손에 과자를 들고 나눠 주면 한 손에 들 수 있는 수량이 매우 적어서 금방 떨어진다. 하지만 바구니에 담으면 나눠 줄 때 편리하고 허리를 구부리지 않아도 된다는 장점이 있다. 먼저 고등학생들에게 바구니에 담은 초코파이를 나눠 주었다.

"메리 크리스마스!"

학교 앞에서 성탄 인사를 할 수 있다는 사실에 즐거웠다. 학교 앞에서 받는 성탄 인사가 싫지는 않은지 같이 "메리 크리스마스" 하며 화답하는 학생도 있고, 빙긋이 웃으며 목례만 하면서 지나가는 학생들도 있었다. 전도사님과 함께 나눠 주니 그 많던 초코파이가 순식간에 다 사라졌다. 늦게 등교한 학생들에게는 나눠 주지 못해서 아쉬울 정도였다.

잠시 학교 근처에 있는 토스트 가게에서 토스트와 커피로 몸을 녹이고, 중학생 등굣길 전도를 위해 다시 갔다. 나가자마자 남학생 두 명이 반가워하면서 달려왔다. 오자마자 내가 들고 있는 바구니 안을 들여다보았다. "아, 건빵이 아니네?" 하며 아쉬워했다. 그러면서도 친구들에게 갖다주어야 한다고 몇 개 더 달라고 졸랐다. 건빵을 나눠 주다 보면 늘 부족하기에 나는 좀처럼 두 개 이상은 잘 주지 않는다. 그런데 남학생들이 얼마나 애교가 많은지 내 팔을 붙잡고 졸랐다.

"제가 친구들 갖다주기로 했어요. 몇 개만 더 주세요!"

"여자 친구도 주기로 했어요."

웃으며 조르는 아이들에게 더 이상 거절할 수가 없었다.

"그럼, 혼자 먹지 말고 진짜 친구 주어야 해."

"네, 네 그렇게 할게요. 감사합니다."

학생들과 약속하고 몇 개 더 주었더니 고맙다면서 인사하고 뛰어갔다. 중학생 중에는 내가 몇 시쯤 어느 골목에 나오는지 서로 정보를 공유하는 학생들이 있었다. 참 재미있는 일이다. 전도 나오는 장소와 시간을 알아내서 직접 찾아오다니! 이렇게 순수한 학생들이 있다는 사실을 교회들이 얼마나 알까? 하지만 모든 학생이 전도에 호의적인 것은 아니다. 지방에서 등굣길 전도를 하는 어떤 목사님은 매주 한 번씩 과자 선물을 들고 나가는데, 학생들이 잘 받지 않거나 인사도 하지 않는다고 했다. 그러면서 나의 전도 이야기를 들으면 부럽다고 했다. 물론, 간식의 차이도 있을 것이고, 등굣길 분위기도 다를 수 있다. 무엇보다 지역마다 학생들의 성향이 다르기 때문이다. 그래서인지 건빵 전도에 호의적인 우리 동네 학생들이 새삼 고맙고 하나님께도 감사했다.

전도 TIP 11. 교회 절기를 활용하라

교회에는 큰 명절이 세 번 있다. 부활절, 추수감사절, 성탄절이다. 이런 절기가 있을 때 전도 카드나 스티커를 활용하면 교회 절기도 알릴 수 있다. 절기가 있는 주간에 절기와 관련된 성경 구절을 넣어서 전도 용품과 함께 주면 좋다. "메리 크리스마스!", "예수님이 부활하셨어요!"하고 인사하면 불신자 학생들도 자연스럽게 교회 절기를 생각하게 된다. 실제로 크리스마스가 언제냐고 물어보는 학생도 있었다.

22
30번의 기적의 등굣길

등굣길 전도 30번째 되는 날이라 며칠 전부터 설레었다. 처음 시작할 당시만 해도 시도 때도 없이 찾아오는 목 통증과 만성피로감 때문에 며칠이나 할 수 있을지, 또 병이 더 심해지지는 않을지 걱정이 많았다. 하지만 시작이라도 해 보자는 마음으로 도전했고, 이 사실을 SNS에 공유했다. 평범한 전도 이야기에 누가 관심을 가질까 했는데, 내 생각과 다르게 많은 사람이 관심을 가져 주었다.

전도 이야기에 눈물이 흐르고 잃어버렸던 첫 신앙을 회복했다는 간증부터 나태했던 신앙생활에 도전받고 회개했다는 간증 등 뜻밖의 댓글과 메시지가 계속 왔다. 그러면서 전도 일기를 계속 올려 달라는 요청도 꾸준히 왔다. 정말 뜻밖이었다. 그리고 전도에 적은 물질이라도 보태고 싶다는 분들도 있었다. 그래서 전도 이야기를 사진과 함께 계속 올리게 되었고, 이것이 전도 일기

MERRY CHRISTMAS
기쁘다
구주오셨네
한빛교회

어린이보호구역
30
건빵
MERRY CHRISTMAS
기쁘다
구주오셨네

가 되었다. 그리고 나에게는 기적의 일기가 되었다. 두 달 넘는 시간 동안 아침마다 눈이 떠지고 한 번도 통증이나 무기력증으로 힘들지 않았다. 전도 다녀온 후, 가끔 힘들어 누워 있는 날이 있기는 했지만, 등굣길 전도 나가는 시간에는 아무 이상이 없었다. 서른 번 기적의 일기를 쓸 수 있도록 건강과 체력을 주신 하나님께 감사했다.

23
새해 첫 전도

31회차 새해 첫 전도를 나갔다. 고등학교 정문에 도착하자 연세가 지긋한 배움터 지킴이 선생님이 인사하며 반겨 주셨다. 날씨가 추워진 후로는 교통 봉사를 하던 선도부 학생들이 보이지 않았다. 지킴이 선생님이 혼자서 학교 횡단보도 앞에서 열심히 교통정리를 하시며 학생들의 안전을 살폈다.

나는 청년부 시절부터 교회학교 교사를 했다. 학교 앞 전도를 나갈 때 제일 무서운 사람이 바로 수위 아저씨였다. 아저씨가 가라고 하면 학교 앞에서 전도하기가 어렵기 때문이다. 지금은 학생들이 학교에 있는 시간에는 배움터 지킴이 선생님이 따로 있다. 나도 처음에는 전도를 못 하게 할까 봐 학교 앞에 가는 게 부담스러웠다. 그런데 학원 홍보 나오신 분을 통해 괜찮다는 것을 알고 정문에 나가기 시작했고, 지킴이 선생님께도 찾아가 인사했다. 다행히 인사도 받아 주시고 추운데 고생한다면서 위로도 해 주시니 정말 고마웠다.

그런데 지킴이 선생님이 호의적인 이유를 조금 눈치챌 수 있었다. 이날도 전도하기 위해 바구니에 건빵을 담고 있었다. 그때, 어디선가 라디오 소리가 들려왔다. 잘 들어보니 많이 들어 본 유명한 목사님의 목소리였다. 소리가 나는 쪽을 살펴보니 지킴이 선생님 쪽에서 들려왔다. 내 생각에 핸드폰을 주머니에 넣고 설교 방송을 들으시는 것 같았다. 그동안 선생님의 단정한 옷차림과 언행을 보며, 교장 선생님 혹은 교회 장로님 같다는 생각이 들곤 했다. 그런데 설교 방송을 들으시는 것을 보니 교회에 다니는 분이 확실하다는 생각이 들었다. '그래서 좀 더 나에게 호의적이었던 것은 아니었을까?' 하는 생각이 들었다. 또렷하게 잘 들리진 않았지만, 설교 목소리를 들으며 전도하니 덩달아 힘이 났다. 마치 교회 장로님과 함께 교회학교 아이들 만나러 나온 것처럼 좋았다.

24

아쉬움이 남는 고3 그리고 겨울 방학

33회차 겨울 방학을 하루 앞두고 마지막 등굣길 전도를 나갔다. 건빵을 주면서 말했다.

"이제 방학이다! 화이팅!"

"네, 고맙습니다."

두 달간 거의 매일 전도했더니 이제는 아이들이 한빛교회 청소년부처럼 느껴졌다. 특히 고등학생 중에는 눈에 익은 아이들이 제법 있었다. 체격이 크고 무뚝뚝해서 안 받을 것 같은데 잘 받아 가는 학생, 주먹만 한 큰 이어폰을 귀에 꽂고도 주의력이 좋아 건빵도 잘 받아 가는 학생, 아침마다 부모님 차 타고 교문 앞에 내려서 건빵을 받아 가는 학생, 교문 닫기 직전에 뛰어가면서도 감사하다고 인사하며 받아 가는 학생, 아침마다 서로의 건빵을 챙겨 주는 남녀 커플 학생 등등…. 학생들을 자주 만나다 보니 어느덧 정이 들고 사랑스러워 보였다. 물론 혼자 하는 짝사랑이겠지만 말이다.

특히 사복 입고 등교하는 고3 학생들을 볼 때 아쉬운 마음이 컸다. 험한 세상으로 나아가는 학생들에게 좀 더 빨리 예수님을 소개하고 응원해 주었으면 좋았을 텐데 하는 생각에서였다. 그중에는 원하는 대학교에 들어가지 못해 실망하거나 입시 후 찾아오는 공허함으로 힘들어하는 학생도 있을 것이란 생각이 들어서 더 안타까웠다. 그래서 '과거는 잊고 하나님과 함께 새롭게 시작하라!'는 마음으로 이사야 43:18 "너희는 이전 일을 기억하지 말며 옛날 일을 생각하지 말라"라는 말씀으로 전도 카드를 만들어 건빵과 함께 주었다. 살아 있는 하나님의 말씀이 특별히 좌절하고 힘들어하는 학생들의 마음에 살아 역사하셔서 다시 일어설 힘과 용기를 주고, 주님 앞으로 인도하는 생명의 마중물이 되기를 기도했다. 고3은 더 이상 볼 수 없어서 아쉽지만, 3월이면 중3이었던 학생들이 고등학교에 입학하여 다시 보게 될 생각에 기대하는 마음도 들었다. 고등학교에 와서도 등굣길에 건빵을 받게 되면 반가워하겠지? 하는 생각이 들자 즐거웠다.

한편, 다음 세대에 대한 비전을 받자마자 시작한 등굣길 전도를 아름답게 마무리할 수 있도록 건강과 기쁨과 열정을 주신 주님께 감사했다. 또한 전도 일기를 보면서 응원해 주신 페이스북, 인스타 친구님들과 유튜브 구독자님들께 진심으로 감사했다. 순수하게 전도하려는 목적도 있었지만, 다음 세대 전도에 도전받는 사람이 더 많아지고 전도가 활성화되기를 바라는 마음도 컸다. 그런데 짧은 기간이었지만 기대 이상의 열매가 있었다. 이는 건빵 전도에 도전받은 분들이 마음을 함께 하고 관심 가져 주었기 때문이다.

전도 TIP 12. 겨울 방학 기간 확인하기

요즘에는 학교마다 겨울 방학 기간이 다르다. 과거처럼 12월에 방학해서 1월이나 2월 초에 개학하는 학교도 있지만, 학교 보수 공사 등으로 인하여 1월에 방학하여 봄 방학 없이 3월에 개학하는 학교도 있다. 그러므로 이런 정보를 미리 확인하여 전도 일정을 잘 세울 필요가 있다.

제3장 건빵, 동역자, 그리고 비전

25
학기 첫 건빵 전도

34회차 겨울에는 매일 중고등학생을 만났다. 하지만 이제 우리의 건빵 전도를 어느 정도 알렸다는 생각과 함께 여름 방학 전까지 쉬지 않고 해야 하기에 체력적 관리가 필요하다고 판단했다. 그래서 요일별로 중학교 두 번, 고등학교 두 번씩 해서 총 4일을 나가기로 했다. 그리고 건빵 수량은 1일 100개씩으로 정했다.

두 달간의 긴 겨울 방학을 끝내고, 드디어 첫 등굣길 전도를 갔다. 첫날은 고등학교에 먼저 갔다. 교문 앞에 가니 입학식을 마친 1학년들이 보송보송한 새 교복 점퍼를 입고 이른 시간부터 줄지어 오고 있었다. 확실히 겨울 방학 전과는 분위기가 달랐다. 신입생들이 오니 새 교복만큼이나 등굣길 분위기가 아주 밝아서 덩달아 기분이 좋았다. 학생들에게 "화이팅!", "힘내자!", "입학 축하해요" 하며 건빵을 나눠 주는데 안 받는 학생이 없다. 1학년들이 일찌감치 줄지어 들어가고 나자 여유로운 걸음으로 2, 3학년들이 오기 시작했다. 작년에도 받은 건빵 또 받아서 반가운지 먼저 다가와서 인사하는 학생들도 있었다. 특별히 겨울부터 우리 교회에 나오던 학생이 이 고등학교에 입학하게 되었다. 교문 앞에서 그 학생이 웃으며 인사하는데 얼마나 반갑고 고마웠는지 모른다. 이제 학교에 아군이 한 명 생긴 기분이었다. 그동안 고등학생들의 반응을 알 길이 없었는데, 교회 학생을 통해 건빵에 대한 반응을 들어 볼 수 있게 되어서 내심 기대가 되었다.

한편, 겨울에 등굣길 지도를 해 주시던 지킴이 선생님이 이제는 교문 안에서 선생님들과 함께 학생들을 맞이하고 계셨다. 교문 밖에서 간단히 인사드리고, 학생들에게 건빵을 나눠 주었다. 그랬더니 문밖으로 나오셔서 "이른 시간인데 또 나오셨네요!" 하며 반갑게 맞아 주셨다. 지킴이 선생님은 늘 활기차시고 성품도 좋으시다. 건빵을 드리면 맛있어하시고 고마워하신다. 오랜만에 건빵을 드렸더니 다른 선생님들에게도 건빵을 주고 싶다고 몇 개 더 달라고 하셨다. 이렇게 새 학기의 첫 등굣길 전도를 신입생들과 활기차게 시작하니 새롭게 부어 주실 주님의 은혜가 벌써 기대가 되었다.

26
체육복의 비밀

35회차 고등학생에 이어 새 학기에 처음으로 중학생들을 만나러 갔다. 2, 3학년 아이들은 "아~ 건빵!!" 하면서 작년에 받았던 기억을 떠올리며 반가워했고, 인사하는 학생들도 제법 많았다. 어떤 남학생은 자전거를 타고 지나가면서 "저도 건빵 주세요!" 하며 아쉬운 마음을 표현했다. 겨울에는 학생들이 힘들어 보였는데, 새 학기라서 그런지 몰라도 밝고 장난기가 많았다. 1학년은 아직 초등학생티가 많이 났다. 그냥 봐도 1학년 같았다. 작년에 졸업한 3학년의 체육복 옆줄 색깔이 노란색이었기 때문에, 이제 새로 입학한 1학년이 노란색 옆줄이 있는 체육복을 입었다.

체육복 관련해서 재미난 일이 있었다. 횡단보도 앞에서 건빵을 주었고, 빨강 신호등 때문에 중학생 아이들이 잠시 서 있었다. 그러다 우연히 한 남학생의 체육복 바지를 보게 되었다. 바지가 조금 이상한 것 같아서 유심히 쳐다보았다. 그런데 바지를 뒤집어 입은 것이 아닌가! 웃음이 나왔다. 나도 아이가 있다 보니 이런 실수조차 귀엽게 보였다. '말해 줘야 하나?' 생각했지만, 학생이 부끄러워할까 봐 차마 말하지 못했다. 말한다고 해서 금방 갈아입을 수도 없고, 어차피 교실에 가면 친구들이 말해 줄 것 같았기 때문이다. 그러는 사이에 초록색 신호가 들어왔고 그 학생도 유유히 학교를 향해 건너갔다. 아마 이 학생은 아침에 눈 뜨자마자 세수하는 둥 마는 둥 하면서 하루 전날 벗어 놓은 체육복을 찾았을 것이다. 시간에 쫓겨서 대충 옷을 입고 등굣길에 나섰을 것이다. 바지를 좀 뒤집어 입으면 어떤가! 자기가 있어야 할 학급으로 잘 찾아 걸어가면 그만이지. 자기 자리를 이탈하는 학생도 많은데 체육복을 뒤집어 입든 똑바로 입든 있어야 할 자리를 찾아가는 학생들이 그저 대견하다.

혼자 속으로 웃고 있는데, 다른 남학생들이 왔다. 건빵을 주었더니 한 학생이 말했다.

"저도 사진 찍어주세요, 사진 찍고 싶어요!"

뜬금없이 왜 사진을 같이 찍고 싶다고 했는지 이해가 되지 않았다. 신호등이 금방 바뀌는 바람에 더는 물어보지는 못하고 "그래 다음에 같이 찍자!"라고 말했다. 겨울에도 초등학생 여자아이가 나를 안다고 하면서 인사를 하고 간 적이 있었다. 혹시 아이들도 내가 페이스북과 유튜브 커뮤니티에 올리는 등굣길 전도 사진을 보았나? 하는 합리적인 생각이 들었다.

전도 카드에는 유튜브 검색창 그림과 함께 내 이름이 인쇄되어 있다. 유튜브에서 내 이름만 검색하면 새롭게 하소서 방송 영상과 설교, 한 절 묵상, 3분 간증 등 그동안 올린 다양한 유튜브 콘텐츠를 볼 수 있게 하기 위해서였다. 요즘 아이들은 영상 세대이기 때문에 많은 말을 전도 카드에 쓰는 것보다 그편이 나을 것 같았기 때문이다. 아울러 매일 건빵을 나눠 주는 목사님이 건전한 교회의 목사라는 사실을 학생이나 학부모에게 안심시켜 주고 싶은 마음도 있었다. 시간이 지나서 힘든 일이 생기거나 교회에 가고 싶을 때, 내 이름이 기억나 검색할 수도 있지 않을까? 그럴 때 검색만 하면 나와 교회에 대한 정보를 쉽게 접할 수 있도록 위해서이다. 한때 유행했던 "TV는 사랑을 싣고"처럼 내게도 그런 날이 올 줄로 믿는다. 아무튼 전도하다 보면 종종 뜻밖의 일을 만나게 되니 이 또한 길거리 전도가 주는 즐거움이다.

전도 TIP 13. 체육복 활용하기

중고등학생은 교복이 있지만, 교복보다도 체육복을 교복처럼 매일 입고 다닌다. 생활복이라는 것도 따로 있는데, 학생들은 교복이나 생활복보다 체육복을 즐겨 입는다. 아무래도 편해서 그런 것 같다. 고등학생은 체육복이 통일되어 있는데, 우리 동네 중학교 체육복은 바지 옆줄의 색상이 학년별로 다르다. 그래서 옆줄만 보면 몇 학년인지를 금방 알 수 있다. 특정 색상의 체육복을 입은 학생들이 보이지 않으면 그 학년이 체험학습 갔거나 쉬는 날이란 것을 알 수 있다. 또한 체육복에 붙어 있는 명찰을 통해 자주 만나는 학생의 이름도 기억할 수 있다.

27
교감 선생님이 커피를 사 주신 이유

36회차 새 학기부터는 전도사님이 매주 고등학교 등굣길 전도를 함께 나가기로 했다. 이날도 학교 앞에서 전도사님과 전도했다. 우리는 등교 시간이 끝난 후 전도용 바구니와 빈 가방을 챙기고 있었다. 그런데 교문 안에서 등굣길 학생을 맞이하던 남자 선생님 한 분이 나오셔서 우리에게 말을 건네셨다.

"커피라도 한 잔 대접해 드리고 싶은데 혹시 시간 괜찮으신가요?"

"네, 괜찮습니다."

사실, 이때만 해도 나는 건강상의 이유로 커피를 마시지 않았다. 하지만 학교 선생님이 사 주신다고 하시니 흔쾌히 좋다고 했다. 우리는 근처에 있는 토스트 가게에 갔다. 너무 이른 시간이라 카페는 아직 문을 열지 않았기 때문이다. 커피를 주문하고 선생님을 쳐다보았다. 어떤 분인지 궁금했다.

"저는 이 학교 교감 선생님입니다."

우리는 교감 선생님이라는 말에 놀라서 눈이 커졌다. 첫째는 교감 선생님이 우리를 보고도 학교에서 쫓아내지 않았다는 사실에 놀랐고, 둘째는 쫓아내기는커녕 수고한다고 커피까지 대접해 주셔서였다. 그런데 더 놀라운 것은 그다음 이야기였다. 선생님은 인근에 있는 교회에 다니고 있으며, 청소년교회 부장 선생님이라고 하셨다. 교회학교 부장님이라는 이야기에 다소 불편했던 마음이 놓였다. 그리고 마치 오래전부터 알고 지낸 성도인 것처럼 반가웠다.

선생님은 코로나19 이후로 교회학교가 전도를 멈추고 있어서 고민이라고 하셨다. 청소년 전도를 하긴 해야 하겠는데, 아직 코로나19가 끝나지 않은 상황에서 어떻게 전도해야 좋을지 고민이었던 모양이었다. 그런데 개학하자마자 우리가 학교 앞에서 건빵 전도하는 모습을 보시고 크게 감동하셨던 것이다. 선생님은 마침 건빵에 붙어있던 전도 카드를 보셨고, 거기에 나와 있는 내 이름을 유튜브에서 검색하셨다. 그리고 그동안 올린 전도 영상을 보시고 큰 도전을 받으셨다. 교회 선생님들에게도 이 영상을 공유하면서 학교 전도를 해 보자는 의견을 내셨다고 한다. 선생님은 이렇게 멈췄던 청소년 전도를 다시 시작할 수 있도록 용기를 준 우리에게 커피라도 한 잔 꼭 대접하고 싶었다고 하셨다.

교감 선생님의 말씀을 듣는데, 내 가슴도 뜨거워졌다. 학생들에게 분명히 선한 영향을 끼칠 것이라고 짐작은 했지만, 학교 선생님이 그것도 교감 선생님이 은혜를 받고, 멈췄던 전도가 다시 회복하는 데 쓰임받을 것이라고는 생각하지 못했기 때문이다. 커피를 마시고 이런저런 대화를 잠시 더 나누다가 헤어졌다. 집으로 돌아오는데, 참으로 기뻤다. 우리의 수고가 보이지 않는 곳에서 열매 맺고 있다는 사실에 흥분이 되었다.

나는 처음 등굣길 건빵 전도를 시작할 때부터 우주적인 교회를 바라보면서 했다. 단지 우리 한빛교회에 청소년이 부흥하는 것을 바라보면서 전도했다면 금방 낙심이 되어 포기했을 것이다. 우리 동네에는 이미 교육적 시스템을 잘 갖추고 있는 크고 작은 교회가 많이 있다. 그런데 시스템은 고사하고 청소년이라고는 우리 딸밖에 없는 개척 교회에 아이들이 찾아올 이유가 별로 없기 때문이다. 하지만 우리가 하는 전도로 인하여 청소년들이 신앙을 회복하는 데 도움을 주거나 다른 교회라도 나가게 된다면 이 또한 주님이 기뻐하실 일이 아니겠는가? 그리고 교감 선생님처럼 어른들이 청소년 전도에 도전받아 한국 교회에 다음 세대를 위한 전도의 바람이 다시 일어난다면 이 얼마나 가슴 벅찬 일인가! 한빛교회에 나오든 다른 교회에 가든 결국 다 우리 주님의 소중한 자녀들이니 말이다. 그래서 하루하루 기쁨으로 등굣길에 다시 나갈 힘을 얻는다.

28
버스 타고 오신 사모님

39회차 중학생 등굣길 전도하는 날인데 교회 사모님이 함께 전도하고 싶다며 버스를 타고 오셨다. 사모님은 나와 신대원 동기 목사님의 아내이시다. 지난해 동기 목사님이 제주도에 있는 교회에서 사역하게 되면서 사모님이 우리 교회에 나오게 되셨다. 마침 두 성도가 교회를 떠났던 바로 그 주간에 딸과 함께 교회에 오셔서 힘이 되어 주고 계셨다. 그런데 내가 혼자 등굣길 전도하는 것을 보시고는 함께 전도하고 싶다며 나오셨다. 괜찮다고 혼자 할 수 있다고 해도 아침에 운동 삼아서 하겠다면서 부득불 나오셨다. 사모님에게는 등교시켜야 할 자녀도 있는데 괜히 수고롭게 하는 것 같아서 죄송했다.

사실 나는 다른 사람과 함께 전도할 필요성을 크게 느끼지 못했다. 아니 그냥 혼자 전도하는 것이 편했다. 아침이 되면 출근하듯이 골목에 나가 전도하고 집에 들어오면 되었기 때문이다. 충분히 혼자 해도 되었기에 바쁜 아침 시간에 굳이 다른 분에게 함께 하자고 하고 싶지 않았다. 그런데 이런 내 생각과 달리 사모님이 함께 하시니까 혼자 할 때보다 힘이 났다.

혼자 전도하는 것이 익숙하긴 했지만, 때때로 학생들을 기다리는 시간이 외롭고 쓸쓸하곤 했다. 그런데 사모님이 함께하니 외롭지 않았다. 학생들을 기다리는 동안 서로 은혜 받은 이야기를 나누며 웃으니 기다리는 시간이 금방 지나가고 즐거웠다. 그리고 같은 여자라서 그런지 의지도 되고 마음도 한결 편안했다. 상냥하고 미소가 아름다우신 사모님과 밝은 목소리로 함께 화이팅을 외치니 등굣길 아이들도 더 좋아하는 것 같고, 인사하는 친구들도 평소보다 많았다. 사모님의 협력으로 인해 나는 더욱 등굣길 전도에 자신감을 얻게 되었다.

전도 TIP 14. 전도 동역자

길거리 전도를 어려워하는 이유 중 하나는 부끄러움과 거절에 대한 두려움이다. 혼자 길거리에 서 있는 것도 멋쩍은데, 행인에게 전도지를 주었을 때 받지 않으면 마음이 상하기 때문이다. 하지만 동역자가 있으면 이런 문제가 어느 정도 해소된다. 함께 전도하면 전도지를 받지 않아도, 때때로 이상한 사람을 만나도 마음이 크게 상하지 않는다. 서로 위로가 되기 때문이다. 전도를 마치고, 차 한잔하며 대화하다 보면 주님을 위해 뭔가를 했다는 보람도 느낄 수 있다. 또한 동역자와 함께 내가 그리스도인이라는 정체성과 유대감도 확고히 할 수 있다. 그래서 동역자가 많을수록 전도에 활기가 넘치게 된다.

29
응원 피켓 "중꺾마"

44회차 건빵과 함께 처음으로 응원용 피켓을 들고 나갔다. 학생은 많은데 건빵 개수는 한정되어 있다 보니 건빵을 받지 못하는 학생들이 많아서 늘 아쉬웠다. 고민 끝에 응원용 피켓을 만들었다. 건빵이 없어도 피켓을 들고 응원해 줄 수 있어서였다. 피켓 문구는 비신자 학생들도 거부감이 들지 않도록 너무 교회답지 않은 '중꺾마'로 정했다. 중꺾마는 '중요한 것은 꺾이지 않는 마음'이라는 뜻으로 한창 유행하는 말이었다.

처음으로 고등학교 앞에서 피켓을 들고 서 있는데, 솔직히 창피했다. 건빵을 나눠 줄 때보다는 학생들의 시선이 내게로 집중되다 보니 정말 부끄러웠다. '나는 누구이고, 여기서 왜 이걸 들고 있어야 하나' 오만가지 생각이 스쳐 갔다. 혼자 피켓을 들고 고뇌(?)에 빠져 있는데 구세주가 나타났다. 우리 전도사님이었다. 건빵을 들고 전도사님이 오자 예수님이 오시는 것처럼 그렇게 반가울 수가 없었다. 피켓을 얼른 전도사님에게 주고 나는 건빵을 나눠 주었다. 전도사님은 피켓을 들고 화이팅을 외쳤다. 한편, 난데없는 피켓 등장에 깔깔대며 웃는 학생도 있고, "와, 중꺾마!" 하면서 적극적으로 관심을 보이는 학생들도 있었다. 출근하는 행인도 학교에서 무슨 행사라도 하는 줄 알고, 피켓을 쳐다보며 지나갔다.

그렇게 중꺾마를 외치며 열심히 건빵을 나눠 주고 있는데, 한 남학생이 학교 운동장을 가로질러 숨을 헐떡이며 뛰어왔다. 학생이 수줍게 웃으며 말했다.

"저는 매일 6시에 등교하는데, 건빵을 한 번도 받지 못했어요."

짧은 이야기였지만 그동안 건빵을 받지 못해서 속상해했던 마음이 느껴졌다. 나는 속으로 '이게 뭐라고 이걸 받으려고 교실에서 정문까지 뛰어나왔나' 하는 생각이 들었다.

"아휴… 그랬구나! 그동안 못 받았으니 많이 줄게."

나는 그동안 건빵을 한 번도 받지 못해 아쉬워하는 학생에게 파격적으로 4개를 주었다. 그러자 학생의 얼굴이 밝아졌고, 건빵을 들고 잠시 서 있다가 인사하고 다시 교실로 들어갔다.

여기 고등학교에는 편의점이 없다. 그러다 보니 우리가 아침에 나눠 주는 건빵을 학생들이 특히나 좋아했다. 교실 서랍에 넣어 두고 하나씩 꺼내 먹는다고 했다. 특히 남학생들에게 인기가 좋은 모양이었다. 아침에 배가 고파서 그런지 학교에만 가면 건빵이 그렇게 맛있다고 한다. 그래서 우리에게 받는 것으로 부족하여 마트에서 건빵을 사다가 학교에 가져와 먹는 학생들까지 생겼다고 했다. 그래서인지 교문에 학생들이 몰리는 시간이 되면 못 받은 학생들이 여기저기서 "아, 건빵 받아야 하는데…" 하며 탄식하는 소리가 내 귀에도 들리곤 했다. 전도도 전도지만 어려운 시기에 건빵 제조업체와 마트의 매출까지 올려 주는 선한 일을 하고 있으니, 공로상을 받아야 마땅하지 않을까 싶다!

30
뜨거운 피켓 반응

45회차 고등학생들의 뜨거운 피켓 반응에 힘입어 사모님과 함께 중학교 앞으로 갔다. 처음 가 보는 중학교 정문이라 긴장이 조금 되었다. 고등학교 지킴이 선생님처럼 좋은 분이기를 마음속으로 간절히 기도했다. 정문에 서 있는 지킴이 선생님에게 인사하고 건빵을 하나 드렸다. 그런데 표정이 밝지 않았다. 건빵도 받지 않았다. 여기서는 하기 힘들 수도 있겠다는 생각이 들었다. 하지만 하지 말라는 말을 듣기 전까지 그냥 하기로 마음먹고, 사모님과 함께 학생들에게 건빵을 나눠 주기 시작했다.

잠시 후, 교실에서 학생들이 삼삼오오 건빵을 받으러 정문으로 나왔다. "와~ 오늘 급식(?) 받았다!" 하며 너스레를 떨기도 하고, 해맑게 웃었다. 좋아하는 아이들 얼굴을 보니 기분이 너무 좋았다. 그리고 피켓에 대한 뜨거운 반응에 놀랐다. 건빵을 다 주고, 계속 몰려오는 학생들을 향해서 외쳤다.

"중꺾마, 화이팅! 내일 금요일이다. 힘내자!!"

그러자 걸어오던 남학생들이 친구들과 어깨동무하며 말했다.

"중꺾마!", "화이팅!"

고등학생들의 반응이 좋았다고 생각했는데, 웬걸 중학생들의 호응이 더 컸다. 생각지 못한 학생들의 뜨거운 반응에 흥분이 되었다. 밝게 웃는 얼굴을 보고 있노라니 나와 사모님 얼굴에도 자연스럽게 엄마 미소가 생기게 되었다. 학생들을 응원하며 전도하러 갔다가 응원을 받고 온 기분이었다. 건빵 하나만 주어도 아니, '화이팅'하고 힘내라고 외쳐만 주어도 등굣길이 이렇게 밝아지는데 모든 교회가 해 보면 정말 좋겠다는 생각이 들었다.

전도 TIP 15. 응원 피켓 만들기

응원 피켓은 반드시 학교 앞에서 할 필요는 없다. 학생들이 많이 다니는 통학로에서도 얼마든지 가능하다. 피켓은 들고 다니기 편하도록 폼보드로 만들었다. 문구점에서 가벼운 소재의 폼보드를 구입하여 원하는 크기로 재단하면 된다. 나는 무료 디자인 홈페이지에서 전도 카드와 함께 '부착형 스티커'를 디자인하여 주문한다. 크기는 미리 구입해 둔 폼보드 크기에 맞게 주문한다. 배송 온 스티커를 폼보드 위에 붙이면 간단하면서도 들고 다니기에 좋은 예쁜 응원 피켓을 만들 수 있다.

고등학교
AN-AK
HIGH SCHOOL
오늘도
웃자!

오늘도 꿀잠과 잔소리를 이긴
넌, 갓생러
한빛교회
화이팅!
오늘 좋은 일이 생길거야~
학교가자!

31
학교 앞에서 이러시면 안 됩니다

47회차 지난번 중학생들의 반응이 너무 좋아서 사모님과 함께 중학교 정문으로 다시 갔다. 엄마 미소로 활짝 웃으며 학생들을 응원하며, 건빵 전도하니 이번에도 학생들이 좋아했다. 그런데 등교 시간이 끝나자, 여선생님 한 분이 교문 밖으로 걸어왔다. 선생님은 우리가 들고 있는 피켓을 손으로 가리키면서 낮은 목소리로 이야기하셨다.

"여기서 교회 홍보하시면 안 됩니다."

피켓에 교회 이름이 쓰여 있었는데, 그걸 지적하는 것 같았다.

"아, 네…. 그러면, 교회 이름을 빼고 와서 아이들을 응원해 주면 안 될까요?"

그랬더니 뜻밖의 대답을 하셨다.

"아이들이 응원받아야 할 이유가 있나요?"

그러면서 학교 앞에서는 무조건 안 된다고 했다. 속상했다. 아니 화가 났다. 정문 앞에서 전도를 못 하게 해서가 아니었다. 아이들이 응원받아야 할 이유가 있냐는 선생님의 대답 때문이었다. 학교 앞이 무질서해질까 봐 염려하는 선생님의 마음은 충분히 이해한다. 하지만 아이들이 응원받아야 할 이유가 있냐는 말이 교육자의 입에서 나올만한 소리인가 싶었다. "아이들이 응원받으면 안 되는 이유는 있나요?"라고 되묻고 싶었다.

혹시 교회에서 아이들을 응원해 주어야 할만한 특별한 일이라도 있냐는 뜻으로 물었을 수도 있다. 그래도 우리가 등교하는 아이들 응원해 주고 싶다고 할 때, 해당 학교 교육자로서 그 마음은 고마워해야 하지 않았을까? 자기 학교 학생들이 이뻐서 간식도 주고 응원해 주겠다는데 너무 야속하다는 생각이 들었다. 이웃 고등학교에서는 자기 학교 학생들을 사랑해 주셔서 감사하다며 인사까지 하는 분도 있는데 말이다. '교육자로서 학생들을 생각하는 마인드가 참 많이 다르구나…' 하는 생각이 들었다. 나는 등굣길에서 만나는 학생들이 사랑스럽다. 그냥 보고만 있어도 행복해진다. 이 예쁜 학생들이 험악한 세상에서 잘 자라기를 바라며, 전도가 아니어도 진심으로 응원해 주고 싶다.

32
전단 어머니들도 화이팅!

48회차 전날 중학교에서 있었던 일로 다소 의기소침해진 마음으로 고등학교에 갔다. 혹시 중학교처럼 전도하지 못하게 하는 것은 아닐까? 불안한 마음도 들었다. 그런데 이런 불안은 얼마 가지 못해 날아가게 되었다. 학교 정문에서 학원 홍보물을 돌리고 있었기 때문이다. 부업으로 홍보물을 돌리러 나온 어머니들이 여러 명 있었다. 그래서 학생들에게 미안할 정도로 정문이 복잡해 보였다. 복잡하다고 건빵 전도를 안 할 수는 없었다. 그 대신 조금이라도 등교에 불편을 주지 않기 위해 조금 떨어진 곳에 서 있었다. 그리고 원래 하던 대로 건빵을 주며 "화이팅! 힘내세요"를 외쳤다. 잠시 후, 아무 말 없이 학생들에게 그저 홍보물을 주던 어머니들이 우리를 따라 하기 시작했다.

"화이팅! 힘내요. 학생들!"

나눠 주는 것은 서로 달랐지만, 학생들에게 똑같이 응원 구호를 외치고 있었다. 그래서인지 교문 앞이 다소 복잡하긴 해도 더욱 활기찼다. 아이들은 무심결에 걸어와서 홍보물을 받다가 건빵이 아닌 것을 보고 실망하는 경우도 있었다. 그리고 나와 전도사님을 알아본 학생들은 일부러 다가와서 건빵을 받아 가기도 했다.

등교 시간이 끝나자, 어머니들에게 고생하셨다고 웃으며 인사했다. 그랬더니 어머니들도 우리에게 수고하셨다고 인사하고 돌아가셨다. 그리고 인사하는 사람이 더 있다. 바로 아침 일찍부터 등교해서 친구들의 안전한 등교를 돕는 선도부 학생들이다. 매일 돌아가면서 정문 앞 횡단보도에서 깃발을 들고 봉사한다. 초등학교까지는 학부모들이 나와서 봉사하지만, 고등학교는 학생들이 직접 한다. 그래서 건빵을 남겨 두었다가 선도부 학생들에게 수고했다고 인사하면서 하나씩 챙겨 준다. 그러면 학생들도 선생님들도 좋아한다.

작은 관심과 인사가 별것 아닌 것 같아도 분명히 선한 영향력이 있다. 정문 앞에서 서로 좋은 자리를 차지하기 위해 얼굴을 붉히지 않았다. 생계를 위해 일하는 분들을 배려하여 자리를 양보하고, 인사도 먼저 하며, 선한 말을 하니 처음 보는 사람이라도 서로 기분이 좋아진다. 복음 전도는 전도지를 주는 것만 해당하지 않는다. 전도하고 있는 순간에도 내가 하는 말과 행동 하나하나가 곧

복음 전도지가 되는 것이다. 아무튼 기분 좋은 아침을 맞이하면서 전날 중학교에서 있었던 불편한 마음을 위로받게 되었다. 전도 현장에서 있었던 상처는 역시 전도 현장에서 위로받을 때 더 빨리 아물고 힘이 나는 것 같다.

33
갓생러

중학생들이 학교 정문 다음으로 가장 많이 등교하는 횡단보도 앞으로 갔다. 날씨가 따뜻해지니 도로를 따라 심어진 벚나무에 이쁘게 꽃이 피었다. 벚꽃이 핀 것처럼 이제는 활짝 핀 학생들의 얼굴도 볼 수 있어서 좋았다. 아직 코로나19가 끝나지 않아서 학생들의 얼굴을 볼 수 없었다. 마스크 의무 착용이 사라진 후로도 학생들은 좀처럼 마스크를 벗지 않았다. 그래서 마스크 위로 나온 두 눈만 볼 수 있었다. 그런데 이제 날씨가 따뜻해지니까 마스크를 벗고 등교하는 학생들이 부쩍 늘었다. 예쁜 학생들의 얼굴을 보니 기분도 한결 더 좋았다. 잠자기도 부족한 시간에 예쁘게 화장한 학생도 있고, 벚꽃을 따서 귀에 꽂고 가는 여학생들도 있었다. 발랄한 학생들의 모습을 보고 있는데 귀여워서 내 얼굴에도 미소가 지어졌다. 건빵을 주며 아이돌처럼 예쁘다고 말했더니 까르르 웃으며 아주 좋아했다.

한편, 응원 피켓 '중꺾마'에 힘입어 이번에는 '갓생러' 피켓을 가지고 나갔다. 그러자 어떤 학생이 "와, 오늘은 갓생러네!" 하면서 관심을 보였다. '갓생'은 '갓(God-신)'과 '인생'을 합친 신조어다. 코로나 팬데믹 가운데 나온 말로, 소소한 일이지만 목표를 가지고 하루하루 값지게 살아가는 것을 뜻한다. 그리고 이러한 갓생을 실천하는 사람을 '갓생러'라고 한다. 한창 잠이 많은 시기의 청소년에게는 아침에 일찍 일어나 교실에 와서 앉아 있는 것만 해도 기특한 일이다. 나도 중고등학교 시절 아침잠이 많아서 등교하는 일이 정말 피곤했다. 부모님의 잔소리를 들으면 학교 가기 싫을 때도 있고, 친구와 사이가 안 좋거나 공부가 하기 싫을 때 학교에 가는 것은 더 힘든 일이었다. 그래서 이불 밖을 나와 자기가 있어야 할 교실에 가서 앉아 있는 것만으로도 잘했다고 칭찬해 주고 싶었다. 하지만 갓생이라는 신조어를 잘 모르는 학생들도 있어서 저게 무슨 말이냐며 자기들끼리 물어보는 경우도 있었다. 그렇게 "갓생러"라는 응원과 함께 건빵을 주었다. 학생들이 무리 지어 지나가면 받지 못하는 학생들도 생긴다. 그런데 한번은 건빵을 받지 못한 학생이 받은 친구에게 건빵이 아니라 건빵에 붙어 있는 전도카드를 떼어서 달라고 했다. 보통은 건빵을 달라고 하는데, 건빵보다 전도 카드에 더 관심을 두는 모습이 신기했다. 매번 바뀌는 전도 카드의 악어 캐릭터가 귀여워서 모으는 것 같았다.

중학생 등교 시간이 끝나갈 무렵 손주를 유치원에 등원시키는 할머니에게도 힘내시라며 건빵을 드리니 고마워하셨다. 그러면서 우리에게 말을 걸어오셨다.

"교회에서 나오셨죠?"

"네! 혹시 한빛교회가 어디에 있는지 아세요?"

"알아요. 저기 버스정류장 아파트 상가에 있는 거 아니에요?"

"네, 맞아요. 잘 알고 계시네요. 언제 한번 오세요."

"교회 다니라고 얘기해 줄 사람이 한 명 있는데, 하나만 더 주세요."

할머니가 교회 위치를 정확히 알고 계셔서 기분이 좋았다. 건빵을 한 봉지 더 드리니 웃으면서 고맙다고 하셨다. 우리가 전도하는 것은 학생들만이 아니었다. 꾸준히 하다 보니 어르신들도 전도에 관심을 두고 지켜보고 있었던 것이다. 활짝 핀 벚꽃처럼 마음도 활짝 피어나는 상쾌한 등굣길이었다.

전도 TIP 16. 출근길 전도

등굣길에 나가면 아침 일찍 손주를 어린이집에 등원시키는 어르신들도 종종 만나게 된다. 또 출근하면서 아이를 데리고 어린이집에 가는 젊은 부부도 있다. 그 외에도 출근하는 다양한 세대의 주민들을 만나게 된다. 전도 용품을 더 장만할 여유가 있다면 출근길 전도도 함께 하면 좋을 것이다.

34
다음 세대 집회 강사로

하나님은 나에게 다음 세대라는 비전을 주셨다. 하지만 우리 교회에 다음 세대라고는 중학교에 다니는 딸과 당시 군대 간 아들뿐이었다. 개척 후 얼마 동안은 초등학교에 다니던 딸을 두고 어린이 예배를 드리기도 했다. 하지만 딸은 부끄러움이 많아 자신에게 집중되는 시선이 불편하여 예배에 집중하지 못했다. 결국 중학교에 가게 되면서 어른들과 함께 통합예배를 드리게 되었다. 과거에 적게는 수십 명 앞에서 설교하고, 많게는 천명 이상의 다음 세대를 위한 예배에서 찬양 인도도 하던 시절을 생각하면 우리 교회는 너무 초라했다. 더구나 언제 올지도 모를 다음 세대를 품고, 다음 세대가 없는 교회에서 설교하고 사역한다니 누가 보면 웃을 일이었다. 하지만 하나님은 내 생각을 바꿔 주셨다. 교회 밖의 다음 세대를 품게 하셨다. 마치 "세계는 나의 교구다!"라고 했던 존 웨슬리처럼 내게도 그런 마음을 주셨다. 그래서 교회 밖에 있는 다음 세대를 품고 기도하며 내가 할 수 있는 건빵 전도를 하며 아이들을 심방하듯 학교 앞으로 나갔다.

새해가 되었을 때, 다음 세대 선교회의 대표 김영한 목사님께 연락이 왔다. '40일 밤에 뜨는 별' 준비기도회 예배에 설교를 부탁하셨다. 가슴이 뜨거워졌다. '내가 다음 세대를 위한 집회에 초청받다니….' '40일 밤에 뜨는 별'은 사순절 기간에 이루어지는 초교파적인 연합 집회이다. 전국에 있는 많은 강사와 찬양팀이 초청되어 40일간 설교와 찬양, 기도 인도를 담당한다. 여러 교회로 순회하면서 현장 예배와 온라인 실시간 예배가 동시에 드려진다. 그리고 모든 섬김은 다 자비량이다. 서로 연합하는 뜻깊은 일에 모두 기쁜 마음으로 섬긴다. 이런 귀한 예배에 초청받다니 정말 감사하고 기뻤다. 그리고 얼마 지나지 않아서 다른 집회에 연이어 초청받았다. 한 곳은 내가 다음 세대 비전을 받았던 홍대에서 열리던 집회였고, 다른 곳은 청년들로 구성된 워쉽팀의 서울 지역 찬양 예배였다. 모두 청소년과 청년들을 대상으로 하는 다음 세대 집회였다. 새봄이 다 지나가기도 전에 꿈 같은 일들이 내게 일어난 것이다. 하나님은 내게 주셨던 감동대로 교회 밖 다음 세대에게 말씀 전하는 스피커로 나를 사용하셨다.

하나님의 하시는 일이 참으로 놀랍기만 했다. 하나님은 신실하시다. 무리한 것을 요구하지 않으신다. 내가 할 수 있는 것을 하기 원하신다. 그것이 순종이다. 그래서 나는 오병이어 이야기를 좋아한다. 보리떡 다섯 개와 물고기 두 마리처럼 주님은 항상 내가 가진 것을 사용하신다. 사람의 생각으로는 보잘것없지만, 믿음으로 주님께 드린다. 그러면 주님은 그것을 축복하신다.

다음 세대 집회에 강사로 서게 되면서 이전에 외부 집회 강사로 설 때와는 또 다른 감동이 있었다. 다음 세대가 없어도 교회 밖에 있는 다음 세대를 위해 쓰임 받을 수 있다는 사실에 감격스러웠다. 작은 개척 교회라도 하나님이 쓰고자 하시면 쓰신다는 사실을 다시 확인하면서 감사했다. 하지만 감사하고 감격스럽기만 했던 것은 아니다. 부담스러운 마음도 있었다. 다음 세대 사역자들을 보면 언변이 탁월한 분들이 많다. 그러다 보니 강사로 초청받았을 때, 솔직히 '내가 그 자리에 서도 되는 걸까?', '과연 잘할 수 있을까?' 하며 스스로 위축되는 마음이 있었다. 하지만 사람이 아니라 하나님이 부르신 것이라 믿고 용기를 냈다. 나의 부족함을 아는 만큼 집회를 위해 더 많이 기도했다. 그러면 주님은 감당할 수 있는 은혜를 주셨다. 아무리 생각해도 하나님은 이런 나의 모습을 그저 미쁘게 보시는 것 같다. 그렇게 하나님은 봄날에 따스한 햇살처럼 내가 다음 세대를 향해 한 발짝 더 내디딜 수 있도록 인도하셨다.

THE WORSHIP PLACE
SEASON3!
MY SHEEP LISTEN TO MY VOICE; I KNOW

35
비오는 날에도 잘 받아요

53회차 아침에 봄비가 내렸다. 우리는 비가 와도 전도를 나간다. 우산을 들고 전도하면 되기 때문이다. 더욱이 등굣길에는 사모님과 전도사님이 함께 하므로 날씨가 나빠도 전도에 큰 어려움이 없다. 비가 오면 한 사람이 우산을 들어 주고, 다른 한 사람이 건빵을 나눠 주면 된다. 비가 와서 전도 건빵을 잘 안 받을 것 같지만 그렇지 않다. 비가 와도 잘 받는다. 장대비가 내리는 날 혼자 우산을 쓰고 길거리에 나가 전도를 한 적이 있는데, 어른들도 평소처럼 받았다. 눈보라가 치는 날에도 역시 평소와 비슷하게 받는다. 물론 우리가 건빵이든 물티슈든 전도 용품과 함께 주기 때문에 그럴 수도 있다. 아무튼 날씨가 안 좋으면 전도가 안 될 것이라는 생각은 단지 추측에 불과하다. 그냥 하기로 했으면 날씨가 어떻든 고민 없이 하면 된다.

중학교 앞 사거리로 나갔다. 횡단보도에서 신호를 기다리는 동안 건너편에서 등교하던 학생들이 피켓을 보고는 우리가 전도하는 것을 알아보았다. 가던 길을 멈추고는 반가워하며 인사도 했다. 더 적극적인 학생들은 신호를 기다렸다가 빨리 뛰어와서 건빵을 받아서 다시 건너갔다. 교문 앞에서 전도할 때는 교실에서 나오는 학생들도 있었는데, 교문 앞에서 못하게 하니 못내 아쉽다. 하지만 학교 근처에서라도 전도할 수 있어서 감사했다.

보통 교회학교에서 어느 부서가 사역하기 가장 힘드냐고 물으면, 중등부를 꼽는다. 아무래도 질풍노도의 시기이기 때문일 것이다. 오죽하면 북한의 김정은 위원장이 우리나라 중2가 무서워서 쳐들어오지 못한다는 우스갯소리도 있지 않은가! 그래서 처음 등굣길을 나갈 때 나도 조금 걱정이 되었다. '학생들이 냉랭하게 대하거나 짓궂게 반응하지 않을까?' 하는 마음에서였다. 그런데 등굣길에서 만나는 중학생들은 달랐다. 착하고 순수한 아이들이 많았다. 학생 중에는 건빵 나눠 준다는 이야기를 듣고 일부러 찾아오기도 하는데, 혼자 오지 않고 두세 명의 친구가 함께 온다. 혼자 오기에는 부끄러운 모양이다. 그리고 친구와 재미 삼아 뛰어와서 건빵을 받고 하하 호호 웃으며 돌아가니 다소 무겁게 느껴지던 등굣길이 웃음소리로 밝아지곤 했다.

그런데 모든 지역의 학생들이 등굣길 전도에 우호적일 것이라고는 생각하지 않는다. 우리 동네는 아파트 단지가 몰려 있는 주거 밀집 지역이고 학생 수도 많은 편이다. 게다가 소득 수준도 높은 편이다. 하지만 같은 서울이라도 어떤 동네는 경제적으로 어려운 가정이 많이 몰려 있는 곳이 있고, 다문화 가정이 많은 동네도 있다. 또 인구 감소로 학생 수가 적은 동네도 있을 수 있다. 이런 저런 지역적 특성이 있기 때문에 모든 등굣길이 우리 동네와 같을 것이라고 예단해서는 안 된다. 지역의 특성에 따라 등굣길 분위기가 다를 수 있다는 점을 감안하고 전도 현장에 나가야 할 것이다.

전도 TIP 17. 전도 요일을 정했다면 성실함으로

전도 나가는 요일을 정했다면 날씨가 좋지 않아도 되도록 전도를 나가는 게 좋다. 그러면 학생이든 행인이든 성실함을 인정하게 된다. 보지 않는 것 같아도 지켜보는 사람이 많다는 것을 기억해야 한다. 태풍처럼 위험한 날씨가 아니라면 적당히 내리는 비는 우산을 쓰고 나가서 전도해도 괜찮다. 빗소리를 들으면서 전도하는 것도 색다른 경험이 된다. 동역자가 있으면 한 사람이 옆에서 우산을 들어 주는 것도 좋다. 그러면 서로 힘이 된다. 또한, 궂은 날씨에 전도하면 왠지 하나님이 전도팀을 긍휼히 여겨 주셔서 은혜를 부어 주실 것 같은 기분이 들 때가 많다. 궂은 날씨에는 은혜와 축복을 보너스로 더 받는 날이라 여기고 전도하자.

36
버스 안에서 환호한 중딩들

오후에 교회 앞 버스 정류장에서 전도했다. 전도 용품은 건빵 대신 뻥튀기 과자를 가지고 나갔다. 이 과자는 며칠 전, 아는 집사님에게 후원받은 것이었다. 뻥튀기 과자를 3개씩 투명 비닐에 포장한 것으로 예쁜 전도 스티커도 붙였다. 가지고 있던 과자를 다 가지고 나갔다. 지나가는 주민들에게도 주고 정류장에 서 있는 학생과 주민에게도 인사하면서 주었다. 잠시 후, 마을버스가 정류장 앞에 정차했다. 버스 안을 쳐다보다가, 창가에 앉아 있던 여학생들과 눈이 마주쳤다. 학생들이 나를 보고 손짓하며 반가워했다. 내가 개인적으로 아는 학생들이 아니었다. 내 생각에 등굣길에 건빵을 주었던 중학생들인 것 같았다. 손에 들고 있던 뻥튀기 봉지를 들고 "뻥튀기 줄까?" 했더니 달라고 손짓하며 매우 좋아했다. 버스의 열린 창문으로 학생들이 나눠 먹을 수 있게 넉넉히 건네주었다. 그랬더니 7~8명 되는 학생들이 좋아서 난리였다. 창가에 있는 학생에게 말했다.

"나한테 건빵 받은 적이 있니? 혹시 나를 아니?"

"네!"

망설임 없이 대답했다. 학생들이 뻥튀기를 받고 좋아하는 것을 본 어른 승객이 자신도 달라고 손짓했다. 하지만 금방 신호가 바뀌었고 버스가 출발해서 더 이상 줄 수 없었다.

거의 매일 등굣길 전도를 나가다 보니 많은 학생을 만난다. 하지만 학생들이 버스 안에서도 나를 알아보고 좋아할 줄은 몰랐다. 그 순간만큼은 인기스타가 부럽지 않았다. 학교 수업이 끝나서 학원에 오가는 시간일 텐데 학생들이 친구들과 과자를 나눠 먹으며 힘이 나기를 바랐다. 아울러 학원 친구나 부모님에게 아침마다 건빵 주는 목사님이 뻥튀기 과자도 주었다고 자랑했으면 좋겠다.

나도 어릴 때를 생각해 보면 교회에서 하는 예배나 행사도 기억이 남지만 제일 좋았던 것은 과자 선물이었다. 교회학교에서 주던 간식, 성탄절에 주던 초코파이가 지금까지도 따뜻한 추억으로 남아있다. 어릴 때는 사실 믿음이 무엇인지도 잘 모른다. 그저 먹을 것이 귀했던 시절 교회에서 준 간식이 그리 좋을 수가 없었다. 지금 이 시대는 먹을 것이 풍성하다. 하지만 매점이 없는 학교 앞에서 나눠 주는 전도용 과자는 어떤 학생들에게는 나처럼 따뜻한 추억으로 남을 것이라 믿는다. 그러다 성인이 되어 전도 받을 때, 중고등학교 다닐 때 학교 앞에서 전도용 건빵을 받아 보았다면서 인도자를 따라 교회에 가게 된다면 얼마나 감사한 일이겠는가! 전도용 과자는 단순한 과자 나눔이 아니다. 교회에 대한 좋은 추억을 만들어 주는 선물이다. 나아가 예수님께로 인도하는 생명의 과자이다.

37
건빵의 존재감

새 학기를 맞이한 후, 한 달 동안 건빵 전도를 했다. 과연 학생들에게 어떤 일이 일어나고 있을까? 우리 교회에 나오는 학생이 있어서 물어보았다. 건빵을 받아오는 학생을 부러워하는 친구들이 있는 것 같았다. 누군가 건빵을 받아 오면 '나도 건빵 받고 싶은데 어디서 주는 거야' 하면서 부러워한다고 했다. 그래서 장소와 시간을 알아보고 일부러 그 장소로 나와 받아 간 친구도 있고, 계속 만나지 못해서 울상을 하고 들어 온 친구도 있더란다.

중학생이 책상 위에 건빵을 두고 먹는 것과 달리 고등학생은 주로 책상 서랍에 넣어 두고 하나씩 꺼내 먹는다고 했다. 특히 남학생들에게 인기가 많은데, 한 번은 건빵을 받지 못한 친구가 "왜 목사님은 내 차례가 되면 나를 쳐다보지 않는 거야?" 하면서 투덜거렸다고 한다. 친구들과 함께 들어가다 보니 차마 부끄러워서 건빵을 달라는 말을 하지 못하고 그냥 들어갔던 것이다. 교문에 학생들이 몰릴 때는 순식간에 떠밀려 들어가기 때문에 일일이 다 주기가 어렵다. 그 친구도 아마 친구들과 그냥 들어갔던 모양이다. 그리고 아침을 안 먹는 날이면, '오늘 건빵을 받아야 할 텐데' 하며 간절한 마음으로 등교하기도 하고, 가끔 학원에서 홍보물을 돌리러 나오면 복잡해서 건빵을 받지 못할까 봐 조마조마한 적도 있다고 했다.

건빵의 효과가 교실에서도 선한 영향력으로 나타나고 있었다. 학기 초에 서먹했던 학생들이 자기가 받아 온 건빵을 친구들과 나눠 먹기 시작하면서 금방 친해지게 되었다고 한다. 또 건빵을 얻어먹은 친구들이 집에서 과자를 가져와서 학급 친구들과 나눠 먹게 되면서 반 분위기가 좋아졌다고 한다. 이상하게 학교만 가면 건빵이 맛있다고 한다. 건빵에 붙어 있는 전도 카드도 계속 업그레이드하고 있는데, 건빵만 먹지 않고 말씀을 보는 학생들도 많다. 건빵을 받으면 제일 먼저 건빵에 붙어 있는 카드를 보고 주머니에 넣는다. 전도 카드를 모으는 친구들도 있다고 했다.

일부 학생에게 들은 이야기이지만 흥미로웠다. 학생들이 건빵을 좋아하고 기다린다고 하니까 보람도 있고, 즐거웠다. 매주 4번씩 건빵 전도하는 일도 쉽지 않지만, 물질적인 부분에서도 쉽지 않은 부분이긴 하다. 100개가 들어 있는 건빵 1박스가 2만 원 정도 하는데, 4상자를 매주 가지고 나갔다. 전도 카드와 응원 피켓 제작 비용까지 하면 한 달에 30만 원이 넘는 비용이 들어간다. 개척 교회에서는 매달 적지 않은 비용이다. 하지만 초기에 다음 세대를 위해 후원받은 돈이 있어서 그것으로 상반기까지는 감당해 보기로 했다. 이렇게 물질과 정성을 쏟고 있다 보니 등굣길 전도에 애정이 갈 수밖에 없다. 그런데 학생들이 건빵을 기다리고 좋아한다고 하니까 얼마나 감사한지 모른다. 지금은 학생들이 건빵을 기다리고 먹는 것을 좋아하지만 앞으로 생명의 빵이 되신 예수님도 만나서 주님을 영접하게 되는 축복이 일어나기를 기도한다.

전도 TIP 18. 전도 비용을 확보하라

꾸준한 전도를 위해서는 재정이 필요하다. 한 달에 들어갈 비용을 계산한 후 그 비용을 모금하거나 교회에서 따로 예산을 편성해야 한다. 그래야 지속적으로 전도할 수 있다. 전도 비용을 계산해서 한 달 치 혹은 그 이상의 전도 물품을 구매한다. 그러면 구매한 물품이 없어지는 것을 보면서 전도할 분량 혹은 전도한 분량을 매주 눈으로 확인할 수 있어서 좋다.

38
교회 앞 전도

64회차 매주 화~금요일 아침마다 건빵 전도를 나가고 있는데, 비가 오나 눈이 오나 강풍이 부나 나가기만 하면 반갑게 맞아주는 학생들이 있어서 다녀오면 늘 힘이 난다.

하루는 함께 전도하던 사모님이 아침에 전도하러 오다가 학생들이 우리 교회 앞 인도로 많이 지나가는 모습을 보셨다. 교회 앞에는 마을버스 정류장이 있는데, 버스를 타고 등교하는 고등학생들과 인근 주거 지역에서 걸어오는 중학생들이 있다 보니 많이 지나가는 것 같았다. 그래서 학생들에게 교회 위치도 알릴 겸 교회 앞에서 전도해 보면 좋겠다고 하셨다. 좋은 의견이라는 생각이 들었다. 그래서 일주일에 두 번은 학교 앞이 아닌 우리 교회 앞에서 전도해 보기로 했다. 처음에는 늘 건빵 전도를 하던 장소가 아니라서 그런지 학생들이 잘 알아보지 못했다. 하지만 건빵을 손에 들고 흔들며, 받아 가라고 하니까 알아보고 받아 가는 학생들이 늘어났다. 이 학생들이 반드시 우리 교회에 온다는 보장은 없지만, 그래도 이왕이면 교회와 연결될 수 있도록 이것저것 시도해 보는 게 좋을 것 같았다. 하지만 늘 전도하던 학교 앞보다는 학생들이 분산되었기 때문에 건빵이 평소보다 남게 되었다. 어차피 나눠 주려고 가져온 건빵이었기 때문에 버스를 기다리거나 출근하는 주민들에게도 "좋은 하루 되세요!" 하며 건빵 전도를 했다. 학생들만큼 호응이 좋지는 않았지만 그래도 기분 좋게 받아 가는 분들도 꽤 있었다.

한번은 아파서 동네 내과에 갔다. 원장님이 출근하다가 내가 전도하는 모습을 보았다고 하셨다. 자신도 교회에 다니지만, 아침 일찍 전도하는 모습에 은혜를 받는다고 하셨다. 그러면서 건강도 잘 챙기시라며 걱정해 주셨다. 그리고 종종 몸에 좋은 수액과 주사도 놓아 주시고는 돈을 받지 않았다. 웬만한 건강 검진도 그냥 선교하는 마음으로 해 주셨다. 그러면서 이렇게라도 좋은 일하시는 목사님께 도움을 줄 수 있어서 기쁘다고 하셨다. 원장님은 내가 출연한 새롭게 하소서 방송을 보시고 은혜를 받으셨다. 그런데 방송을 본지 불과 며칠 안 되어 내가 원장님께 진찰받으러 가게 되었다. 당시 내가 마스크를 쓰고 있었지만 이름과 목소리를 기억하여 나를 알아보셨고, 그때부터 지금까지 좋은 이웃으로 지내고 있다.

내가 전도하는 것은 꼭 학생들만이 아니다. 원장님처럼 출근하는 길에 버스 안에서 혹은 승용차 안에서 누군가는 전도하는 우리 모습을 지켜보고 있다. 우리의 전도하는 모습 자체가 신자에게든 불신자에게든 그리스도의 향기를 나타내는 편지가 되는 것이다.

FULL GOSPEL HANBIT CHURCH
한빛교회

마을버스
05

39
살아나는 교회

주일 예배가 끝나면 전 교인이 한마음으로 하는 게 있다. 바로 건빵 전도 준비다. 우리 교회는 일주일에 400개의 건빵을 포장한다. 수량이 많다 보니 모든 절차를 간소화해서 과자 봉지 위에 전도 카드를 스테이플러로 찍는다. 코로나 팬데믹 전에는 투명 비닐을 구매하여 사탕과 과자를 넣어서 주기도 했다. 하지만, 포장에 따른 시간도 많이 소요되고 재포장하면서 생길 수 있는 코로나 바이러스 감염에 대한 불안도 없애기 위해서 포장 방법을 바꿨다. 아울러 비닐 포장에 따른 길거리 쓰레기 발생도 줄이기 위해서였다.

전도 준비를 함께하는 것은 교회가 하나 되게 하는 데 큰 유익을 준다. 길거리 전도를 함께 나가고 싶어도 직장 생활 등의 이유로 부득불 참여하지 못하는 성도들이 있다. 그러다 보면 전도에 동참하지 못하는 데서 오는 미안함과 소외감마저 들 수 있다. 그러나 전도 준비를 함께하다 보면, 전도하는 데 작게나마 동참을

했다는 보람을 느끼게 된다. 또한, 전도 준비를 하는 동안 자연스럽게 이야기가 꽃피면서, 친근감과 소속감을 느끼게 된다.

많은 교회가 길거리 전도에 대해 회의적인 생각을 가진다. 하지만 전도하면 먼저 교회가 살아난다. 이것은 전도해 본 사람이라면 누구나 알게 된다. 전도를 준비하고 직접 전도에 참여하게 되면서 교회가 활력을 찾게 된다. 예수님의 지상 대명령인 복음 전파의 사명을 조금이나마 감당하고 있다는 데서 오는 신앙적 보람도 느낄 수 있다. 세상에서 내가 그리스도인이라는 정체성을 피부에 와 닿도록 느끼게 해 주는 데 있어서 전도만큼 확실한 것은 없다. 전쟁을 많이 경험한 군인일수록 전쟁을 두려워하지 않는다. 더욱이 혼자가 아니라 공동체와 함께 전도 경험을 자주 가지다 보면 전도에 대한 막연한 두려움도 잘 극복할 수 있게 된다.

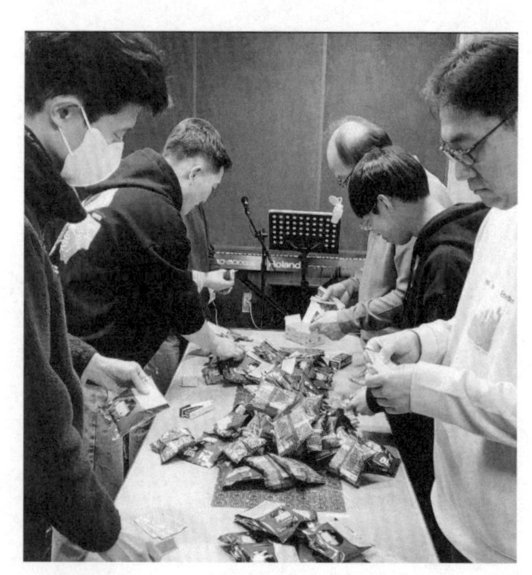

40
전도의 가치

전도는 영혼을 살리는 매우 보람 있고 가치 있는 일이다. 만약 길을 가다가 누군가 쓰러져 죽게 되는 것을 보게 될 때, 그냥 지나칠 사람은 없을 것이다. 내가 응급 처치를 할 수 없다면, 119에 전화라도 걸어 줄 것이다. 그 순간 이 사람이 살게 될지 죽게 될지 확률을 따져 보고 돕겠다고 할 사람은 없을 것이다. 그런 것처럼 불신자는 영적으로 볼 때 강도 만난 이웃과 다름없다. 죄로 인해 이미 그 영혼은 죽었고, 사탄 마귀는 영원한 불 못에 던지기 위해 혈안이 되어 있다. 안타까운 것은 정작 불신자는 그 사실을 모른다는 것이다. 길거리 전도는 이 사실을 긴급하게 알려 주는 일이다. 119에 대신 전화를 걸어 주는 이웃이다. 주님은 내가 길거리 전도하는 것에 대해 꿈으로 여러 번 보이신 적이 있다.

길을 가는데 인도와 도로 할 것 없이 헤아릴 수 없이 많은 뱀이 기어다녔다. 그런데 이상하게도 사람들이 뱀을 피하지 않았다. 뱀을 보지 못하는 것 같아서 나는 다급하게 사람들을 향해서 외쳤다.

"여러분, 여기에 뱀들이 돌아다니니 조심하세요!"

하지만 내 말에 귀 기울이는 사람이 없었다. 그런데 잠시 후, 뱀이 나를 따라오기 시작했다. 왜 다른 사람은 물지 않고 나만 따라오는지 이상했다. 그때 뱀은 살아 있는 동물만 먹는다는 사실이 떠올랐다. 나는 다시 외쳤다.

"여러분, 뱀은 죽은 사람은 물지 않아요. 살아 있는 사람만 무니까 제발 피하세요!"

그때 내 말을 듣고 피하는 사람이 한두 명 보였다. 하지만 여전히 사람들이 내 말을 무시하였고, 뱀을 피하지 않았다. 뱀도 그런 사람은 물지 않았다.

사람들에게 복음을 전하면 대부분이 무시한다. 그럼에도 불구하고, 우리는 전해야 한다. 듣든지 아니 듣든지 전해야 한다. 나의 외침에 정신을 차리고 뱀을 피했던 몇 안 되는 행인처럼 반드시 구원받는 영혼도 있을 것이다. 사탄 마귀는 뱀처럼 영적으로 죽은 자에게는 무관심하다. 하지만 영적으로 깨어 있는 하나님의 사람들에게는 집요할 정도로 따라다니며 괴롭힌다. 신자들이 복음을 전하는 것을 막기 위해 집요하게 공격한다. 전도하지 말아야 하는 이유를 그럴싸하게 포장한다. 마귀가 주는 악한 꾀에 넘어가지 말자. 전도는 주님이 우리에게 주신 사명이다.

41
트럭에 과자 싣고 온 집사님

전도로 사용하는 건빵 구입비는 10명도 안 되는 개척 교회에서는 사실 만만치 않은 비용이다. 하지만 초기에 후원금이 들어온 게 있어서 그 돈을 다음 세대 전도하는 데 사용하기로 작정한 만큼 무리가 없었다. 하지만 계속 줄어드는 통장의 잔고를 보면서 전혀 걱정이 안 된다고 하면 거짓말이다. 그런데 감사하게도 종종 주님이 사람을 보내어 전도 비용 혹은 물품을 채워 주셨다.

페이스북 친구 목사님으로부터 교회에 방문하겠다는 연락을 받았다. 목사님은 작은 교회를 순회하면서 소속한 선교단을 통해 알게 모르게 도움을 주시는 분이었다. 목사님이 우리 교회에도 오셨다. 교회에 가장 필요한 게 무엇인지 물어보셨다. 우리는 쌓여 있는 건빵 박스를 보여 드리면서 매달 전도할 건빵이 채워지는 게 시급하다고 말했다. 그랬더니 얼마 후, 30만 원을 후원금으로 가지고 오셨다. 뜻밖의 건빵 후원에 참으로 감사했다.

비슷한 시기에 지인 집사님으로부터 연락이 왔다. 집사님은 다른 교회에서 고등부 부장으로 섬기고 있었다. 교회에 과자 공장을 하는 성도가 있는데, 고급 봉지 과자를 교회에 대량으로 기증했다는 것이다. 고등부에도 과자가 왔는데 학생들에게 충분히 주고도 많이 남아서 필요하면 남은 분량을 가져다주겠다고 하셨다. 우리로서는 반가운 일이었다. 그래서 과자를 트럭에 한가득 싣고 우리 교회로 오셨다. 과자 봉지 부피가 커서인지 상자도 매우 커서 23상자를 교회 안에 들여놓으니 작은 교회가 가득 찬 느낌이 들었다. 집사님은 내가 청년이던 시절에 함께 청년부에 다녔다. 나보다는 한 살 많은 선배였고, 남편에게는 후배였다. 나중에 알게 되었지만, 선배는 개척 교회 목사님의 아들로 자라서 누구보다 개척 교회의 어려움을 잘 알고 있었다. 그래서 기회가 닿는 대로 우리에게 도움을 주고 싶어 했고, 실제로 도움을 준 일도 있었다. 그런데 이번에 이렇게 기회가 되어 섬겨 준 것이다. 참으로 고마웠다. 집사님은 학생부 부장으로서 우리 교회의 청소년 전도에 늘 도전받는다고 했다. 그래서 선생님들과 함께 전도해야겠다고 말했다.

그런데 후원받은 과자를 어떻게 가지고 나가서 전도해야 할지 고민이 되었다. 맛있는 고급 봉지 과자였지만 부피가 너무 커서 (대용량 새우칩 크기의 과자) 등굣길에 가지고 나가기가 어려웠다. 마침 다음 날 우리 교회 근처에서 서울 남서지방회 예배가 있었다. 다음 날 목사님 대여섯 분을 만나 교회에 사용하시라고 한 상자씩 드렸더니 고마워하셨다. 그리고 일부는 아파트 상가와 경비실에 돌아다니며 전도지와 함께 주었더니, 교회에서 이렇게 좋은 것도 주냐면서 무척 좋아했다. 그렇게 돌리고도 많이 남은 과자를 교회 앞에서 하굣길 전도할 때 학생들에게 주었더니 어리둥절해하면서도 고맙다고 인사했다.

이 외에도 SNS를 통해 전도 이야기를 보고, 건빵 전도에 써달라며 선교비를 보내오는 경우가 종종 있다. 그럴 때면 돈 액수와 상관없이 힘이 난다. 주님이 전도를 기뻐하시고 계속 전도하기를 원하신다는 확신이 들기 때문이다. 전도하면 하나님이 전도에 필요한 것을 공급해 주신다. 나의 연약한 믿음이 문제라면 문제지 개척 후로 지금까지 전도 비용이 부족한 적이 없었다. 전도 비용뿐만 아니라 교회에 필요한 재정도 채워 주셨다. 그리고 앞으로도 그러실 줄로 믿는다.

전도 TIP 19. 주민 대상 전도

등굣길 전도뿐만 아니라 하굣길 혹은 주민 대상으로 하는 전도도 중요하다. 교회가 있는 주변 상가나 아파트 단지의 경비실, 관리사무소, 노인정에 방문하는 것도 좋다. 우리 교회는 아파트 단지 내에 있는 상가 교회여서 교회 이름을 이야기하고 전도 용품을 주면 좋아한다. 하굣길에는 일부러 교회 앞에서 전도한다. 교회가 어디 있냐고 물으면 바로 여기 상가에 있는 교회라고 하면서 말하기가 좋다. 전도지를 받고 실제로 교회에 예배를 드리러 온 경우도 있다. 물론 이러한 전도가 정착으로 이어지기까지는 쉽지 않겠지만 꾸준히 하면 분명히 효과가 있을 것이다.

예수께서 이르시되 내가
나로 말미암지 않고는
곧 길이요 진리요 생명이니
아버지께로 올 자가 없느니라
요 14:6
예티의
갈릭새우칩
새우 품에 풍덩 빠진 갈릭
70g×16EA

예티의
갈릭새우칩
새우 품에 풍덩 빠진 갈릭

42
고등부 부장님의 방문

타 교회에 다니는 Y 집사님이 시원한 카페 음료를 사 들고 교회로 찾아오셨다. 집사님은 유튜브 구독자로 늘 건빵 전도를 응원해 주던 분이다. 어느 날, 우리 교회에 방문하겠다는 댓글을 남겼고, 정말로 교회에 찾아오셨다. 집사님은 인천에서 살고 있는데, 회사에서 영등포 쪽으로 출장을 오게 되었다. 혹시나 하는 마음에 우리 교회 주소를 검색해 보았는데, 마침 출장 장소와 가까웠다. 반가운 마음에 일이 끝나자마자 한걸음에 달려오셨다.

집사님이 사 오신 음료를 마시며, 이야기를 나누었다. 집사님은 청년 시절부터 뜨겁게 신앙 생활하며 봉사도 많이 하셨다. 하지만 결혼 후, 회사 일에 마음이 빼앗겨 예전에 뜨거웠던 마음이 식어져 있었다. 그런데 중학교에 올라간 딸이 갑자기 크게 아프게 되었다. 집사님은 아픈 딸로 인해 주님을 간절히 찾았다. 그러던 중 내가 출연한 새롭게 하소서 방송을 보고 큰 위로와 소망을 가지게 되었고, 다행히 딸의 건강도 아주 좋아지게 되었다. 집사님은 감사한 마음에 우리 교회 채널에 관심을 가지게 되었다. 건빵 전도하는 영상과 게시글을 보자, 과거 복음 열정으로 뜨거웠던 교사 시절을 떠올리게 되었다. 그래서 직접 나가진 못해도 건빵 전도를 응원하며, 집사님이 섬기는 교회에도 다시 전도의 바람이 일어나기를 기도하게 되었다. 아울러 현재 담당하는 고등부 부장의 사명을 더 열심히 감당해야겠다고 마음먹게 되었다. 그러면서 전도에 써 달라고 10만 원이 들어있는 봉투를 주셨다.

나는 집사님을 개인적으로 알지도 못했고, 이분의 딸을 위해 기도해 드린 적도 없다. 그런데 유튜브에 올려져 있는 간증 영상과 전도 영상 및 글을 보시고서 마음에 큰 은혜를 받은 것이다. 이것은 주님이 하신 일이다. 주님이 집사님의 마음을 만져 주시고 아픈 딸의 병도 호전될 수 있도록 해 주신 것이다. 그런데도 집사님은 고마운 마음을 조금이라도 전달하고 싶어서 이렇게 찾아온 것이었다.

다이어트나 운동에 관심이 있는 사람은 헬스장에서 운동하는 영상을 보면서 나도 해야지 하는 동기 부여를 받곤 한다. 그런 것처럼 작은 개척 교회지만 전도에 관심이 있는 사람은 실제로 전도하는 영상이나 사진과 글을 보는 것만으로도 '나도 전도해야지' 하는 동기 부여를 받는 것 같다. 교회에서 매주 전도하라는 설교를

해도 실제로 전도하는 모습을 교회가 보여 주지 않으면 삶으로 연결되기는 더 어려운 법이다. 그러므로 교회가 전도하는 모습을 자주 보여 주는 것도 성도의 신앙을 위해 꼭 필요한 일이라는 생각이 든다.

43
즐겁게 전도할 수 있는 이유

71회차 자주 가지 않던 통학로로 자리를 옮겼다. 잠시 후 아파트에서 중학생 여자아이 세 명이 나왔다. 눈을 마주치자, 학생들이 반가워하며 달려왔다. 달려오는 학생들이 예뻐서 말했다.

"건빵 받아 보고 싶었구나! 이거 처음 받아 보지?"

"아니요, 네 번 받았어요."

신기해서 어디서 받았냐고 물었더니 우리가 자주 전도 나가던 장소를 이야기했다. 그러고 보니 그동안 길 반대편에서 건빵 받으러 오던 여학생들이 있었는데, 바로 이 학생들이었던 것 같았다. 그동안 마스크를 쓰고 있어서 잘 알아보지 못했던 것이다.

"그렇구나! 나중에 교회에도 한번 와!"

"네!"

대답한다고 해서 교회에 오는 것은 아니지만 건빵을 받고 즐거워하는 학생들을 보니 그저 예쁘고 귀여웠다. 교회에 다음 세대가 없다고 하지만 학교 앞에 가면 정말 많이 있다. 어디서 이 많은 학생이 구름떼처럼 나오는지 신기할 정도이다. 내가 당장 눈에 보이는 전도의 열매가 없어도 즐겁게 전도를 나갈 수 있는 것은 개교회주의를 버렸기 때문이다. 내가 만나는 모든 다음 세대가 구원받아야 할 영혼이요, 거듭나야 할 대상이라는 생각을 가지니까 실망이 되지 않는다. 비록 작은 교회지만 하나님의 우주적인 교회를 바라보며 할 수 있는 일이 있어서 기쁘다. 그래서 재정을 부어 주시는 날까지 계속 건빵 전도를 하려고 한다.

코로나로 교회를 떠난 학생들이 건빵 전도를 통해 잊고 있던 교회를 떠올려 보거나, 다시 교회에 가게 된다면 얼마나 기쁜 일인가! 또한 다른 사람에게 전도를 받을 때, 건빵 전도를 받아 본 따뜻한 경험으로 인해 전도에 호의적인 태도를 보이거나 혹시라도 믿음을 갖게 된다면 정말 주님이 기뻐하실 일이다. 영혼을 살리는 일에 내 교회, 네 교회를 따질 때가 아니다. 특히 다음 세대를 향해서는 한국 교회가 발 벗고 나서야 한다. 저출산 극복을 위해 국가가 나서는 것처럼 영적 저출산을 극복하기 위해 한국 교회가 나서야 한다.

특히 큰 교회는 작은 교회에 빚진 마음을 가지고 전도할 수 있도록 후원해야 한다. 작은 교회는 모판과 같다. 우리 교회처럼 작은 교회들이 열심히 전도하고, 씨를 뿌리고, 양육하면 시간이 지나 성도들이 큰 교회로 가는 경우가 많다. 또 교회에서 여러 모양으로 시험 들고, 상처받은 영혼들이 작은 교회에 와서 치유되고 회복하면 다시 큰 교회로 가기도 한다. 어찌 보면, 전도하는 건강한 작은 교회들이 많아야 큰 교회도 함께 건강해지고 부흥하는 것이다. 그러므로 그리스도 예수 안에서 우주적인 교회를 바라보며 서로 협력해야 한다. 내가 전한 전도의 씨가 어디서 어떻게 자라서 열매 맺을지는 아무도 모른다. 다른 교회에서 전한 전도의 씨가 우리 교회에 와서 열매 맺는 경우가 있듯이 우리 모두 그렇게 믿음으로 전도의 씨를 뿌려야 한다.

44
티모로 변신

73회차 내가 학교 앞에서 만나는 청소년의 대다수는 교회에 가보지 않은 불신자이다. 게다가 코로나19로 인해 교회를 떠난 청소년도 있을 것이다. 그래서 어떻게 하면 조금 더 학생들에게 친근하게 다가갈 수 있을까? 고민하게 된다. 학생들의 흥미를 끌 만한 것을 생각하다가 게임 캐릭터가 떠올랐다. 특히 남학생들은 온라인 게임을 하지 않으면 친구들과 대화가 되지 않을 정도라는 이야기를 들었기 때문이다. 게임의 종류가 많지만, 국민 게임이라 부를 정도로 많이 하는 일명 '롤'(LOL, League of Legends의 앞 철자들을 따서 부르는 말) 게임의 캐릭터를 전도에 활용해 보기로 했다.

롤 게임을 잘하는 아들에게 롤 게임 캐릭터에 대한 설명을 들었다. 캐릭터가 140여 종류가 된다고 했다. 그리고 게임을 잘하기 위해서는 각 캐릭터에 관한 공부도 해야 한다고 했다. 나 때는 똥파리 많이 죽이는 갤러그와 당근 많이 먹는 너구리 정도 하면 잘

하는 거였는데, 달라도 너무 달랐다. 머리가 복잡했다. 그냥 청소년들에게 친근하게 다가갈 수 있는 귀여운 캐릭터를 하나 추천해 달라고 했다. 그랬더니 '티모'라는 캐릭터를 추천해 주었다. 너구리 닮은 귀여운 캐릭터였다. 티모가 잘 쓰는 대사를 영상으로 들으며 연습했다.

"핫, 둘, 셋, 넷… 출동 준비!"

티모 그림을 하나 다운받아서 부착형 스티커를 주문했고, 응원 피켓 뒷면에 붙였다. 유행한다는 티모 모자도 하나 구입했다. 준비는 완료했는데, 막상 나가서 하려고 하니까 '나이 먹고 이런 거 해도 되나?' 싶은 생각이 들면서 부끄러웠다. 그래도 용기를 내보기로 하고 중학생 전도 나갈 때 시도해 보았다. 생각보다 별 관심을 끌지 못했다. 우리 동네 아이들은 공부만 하는지 티모를 잘 모르는 것 같았다. 다음으로 고등학교에 가보았다. 모자를 쓰고 있는데 정말 부끄러웠다. 잠시 후, 남학생들이 몰려오면서 드디어 반응이 나타났다.

"앗, 티모다!"

반응에 힘입어 연습했던 티모의 대사를 말했다.

"핫, 둘, 셋, 넷!!"

"와! 대박!"

교문에 들어가던 학생들이 신기해하며 웃었다. 엄마 같은 목사님이 티모가 잘하는 대사를 했으니 신기했던 모양이다. 솔직히 한국 엄마들은 게임의 '게' 자만 들어도 '중독'이 떠오르면서 알레르기 반응을 일으키는 게 현실이다. 그런데 롤 게임의 롤도 모를 것 같은 어른이 심지어 게임 캐릭터의 대사까지 따라 했으니 신기했을 것이다. 아무튼 아이들이 웃자, 기분도 좋아지고 창피함을 무릅 쓰고 한 보람이 있었다. 전도하는데 뭐 그렇게까지 할 필요가 있냐고 생각할 수 있다. 하지만 이런저런 노력을 통해 복음이 조금이라도 학생들에게 친근하게 다가갈 수만 있다면 충분히 의미 있는 일이라 여겨진다. 내가 교육전도사였을 때 인형 탈을 쓰고 초등학교 앞에서 하굣길 전도를 한 적이 있었다. 그때 어린이들의 반응이 뜨거웠다. 그러나, 게임 캐릭터를 통한 응원은 자칫 게임 홍보 효과로 이어질 수도 있다는 우려도 있어서 두세 번 정도 이벤트로 하고 그만두었다.

전도 TIP 20. 심방하는 마음으로

나는 목회를 하기 전에 다양한 학교 앞 전도를 해 보았다. 떡볶이, 솜사탕, 팝콘, 요구르트, 과자, 토요놀이학교 등. 그렇게 전도해서 교회에 온 아이들은 별로 없었다. 하지만 학생들을 심방할 수 있다는 장점이 있다. 교회 선생님이나 전도사님, 목사님이 내가 다니는 학교 앞에 나와 전도하는 모습을 보면 아이들이 반가워한다. 자연스럽게 반 친구를 소개받기도 한다. 전도 후, 반 친구와 함께 분식집에서 떡볶이도 먹고, 놀다 보면 실제로 교회에 나오기도 한다. 등굣길 혹은 하굣길에 학생들을 심방한다는 마음으로 꾸준히 해 보자. 좋은 열매가 맺힐 것이다.

45
교사 세미나 강사로

4월에 페이스북 친구로부터 메시지가 왔다.

"목사님! 안녕하세요? 페친 *** 집사입니다. 다름이 아니라 우리 교회에서 교사 세미나가 있는데, 혹시 '다음 세대를 위한 길거리 전도'라는 주제로 전도 특강을 해 주실 수 있을까요?"

집사님은 내가 등굣길 전도하는 모습을 페이스북으로 보면서 늘 댓글로 응원해 주던 분이었다. 그런데 2월에 내가 강사로 섰던 다음 세대 선교회의 준비기도회 설교를 온라인으로 듣고 은혜를 받았다고 했다. 그래서 내가 했던 설교와 거리 전도 특강을 교사 세미나 시간에 동시에 해 주면 좋겠다고 연락을 준 것이다. 집사님의 초청에 가슴이 뜨거웠다.

나는 교육전도사가 되긴 전까지 교회학교 교사로 섬겼다. 특별히 하나님이 어린이 찬양예배에 대한 뜨거운 마음을 주셔서 어린이 찬양팀 인도자로 오랫동안 섬겼다. 자연스럽게 어린이 사역 세미나에도 많이 다녔다. 열심히 배워서 내가 섬기던 부서와 찬양 예배에 적용하기 위해서였다. 배우고 아는 만큼 사역에 대한 열정이 더해졌고, 변화하는 자신과 더불어 성장하는 찬양팀과 찬양 예배에 보람을 느꼈다. 할 수만 있으면 다른 교사도 교사 세미나에 참석할 수 있도록 독려하곤 했다. 내가 교육전도사가 되었을 때는 교회적으로 혹은 부서 내에서 교사 세미나 및 강습회를 열어 교사 교육에 열정을 내기도 했다. 교사 세미나는 예나 지금이나 나의 심장을 뛰게 한다. 다음 세대를 아무리 외쳐도 기도하고 배우며 준비하는 교사가 없다면 공허한 외침으로 끝날 수 있기 때문이다. 이렇게 내 가슴을 뛰게 만들던 교사 세미나에 내가 강사로 초청되다니! 얼마나 감격스러운 일이었는지 모른다. 아직 우리 교회 안에는 교사가 없다. 하지만 다른 교회 교사들을 위해서 쓰임 받을 수 있다고 생각하니 정말 기뻤다.

그렇게 집사님의 추천으로 5월에 교사 세미나 강사로 서게 되었다. 전도용으로 나눠 주고 있는 건빵과 전도 카드도 몇 개 가지고 갔다. 외부 집회를 여러 번 갔지만, 교사 세미나 강의는 확실히 달랐다. 우선 마음이 편안했다. 내 집에 온 것 같았다. 선생님들을 보는데 오랫동안 알고 지낸 분들처럼 좋았다. 강의를 시작했다. 이

전 세대의 수고로 지금 세대가 있게 되었듯이 다음 세대를 위한 지금 세대의 기도와 수고가 절대 헛되지 않다는 메시지를 전했다. 그리고 현재 내가 하는 건빵 전도에 대해서도 열심히 강의했다. 그런데 나를 추천했던 집사님이 뒷자리에 앉아 계셨는데, 강의 도중 이따금 문을 열고 나갔다 들어오기를 반복했다. 나중에 들은 이야기인데 강의 중에 하나님의 위로와 만져 주심이 있었다고 했다. 눈물이 자꾸 흘러서 남자 체면에 계속 울기가 부끄러워 예배실 밖에서 눈물을 닦고 오느라 드나들었다는 것이다. 역시 은혜를 사모하는 사람은 다른가 보다. 교사 세미나를 들으면서도 이런 은혜를 받을 수 있다니…. 한편으로는 이런 귀한 분을 통해 이 자리에 서게 하신 하나님께 감사했다. 집사님을 만나 주시고 은혜 주신 하나님이 나에게도 강의를 통해 위로와 소망을 주셨기 때문이다. 강의 제안을 받기 전날 기도할 때 주님은 이런 감동을 주셨다.

"딸아, 내가 너를 사용할 것이다. 네가 생각하지 못하는 곳에 너를 세울 것이다."

그리고 저녁에 남편과 대화하면서 말했다.

"여보, 아무래도 건빵 전도에 대한 전도 강의 요청이 있을 것 같아요."

그런데 다음 날 아침, 신기하게도 집사님께 전도 강의 요청 메신저가 온 것이다. 너무 놀랐다. 남편도 놀랐다.

하나님은 다음 세대에 관심과 사랑을 가지고 계신다. 이를 위해 기성세대가 가지고 있는 많은 허물에도 불구하고 기성세대를 사용하신다. 나 역시 교사도 없는 개척 교회 목사이지만 하나님이 다음 세대를 위해 이 모양 저 모양으로 사용하신다. 쓰임 받을 수 있음에 그저 감사할 뿐이다. 다음 세대를 위해 우리가 할 수 있는 것을 주님께 드리자. 그러면 주님이 쓰실 것이다.

46
협동 목사님이 오셨어요

74회차 협동 목사님이 오셔서 등굣길 건빵 전도에 합류했다. 셋이 해도 좋았는데 이제 네 명이 모이니 등굣길에 더욱 활기가 넘쳤다. 목사님이 무표정하게 등교하고 있는 여학생에게 "화이팅!" 하면서 건빵을 주었다. 그랬더니 학생이 건빵을 받고 돌아서는데 '씩' 웃었다. 그 모습에 목사님은 '아이들이 표현은 안 해도 속으로는 좋아하는구나. 응원이 필요하구나'라는 생각이 들었다고 한다.

목사님은 나와 한세대학교 M.Div. 동문이다. 학교에서 본 적은 있었지만 서로 대화해 본 적은 없었다. 목사님은 나와 친분이 있는 동기 목사님과 같은 교회에서 부교역자로 사역하고 있었다. 동기 목사님을 통해 우리 교회를 알게 되었고, 사역하던 교회에 금요예배가 없어서 이따금 우리 교회 금요기도회에 와서 기도하곤 하셨다. 그러면서 자연스럽게 대화할 수 있는 시간이 있었다.

목사님은 신대원을 졸업한 후 교회를 개척했다가 여러 가지로 말할 수 없는 어려움을 겪었다. 그런데 코로나19 팬데믹까지 생기면서 어쩔 수 없이 교회 문을 닫게 되었다. 그 후로 잠시 다른 교회에서 부교역자를 하다가 얼마 전 사임하게 되었다. 그러면서, 주의 길 가는 것이 하나님의 뜻이 아닌 것 같다고 이야기하셨다. 마음이 아팠다. 나도 개척 교회를 하고 있기에 목사님이 겪었을 심적 고통이 조금은 짐작이 되었기 때문이다. 그래서 목사님의 상한 마음이 주님의 은혜로 치유되고 회복되기를 함께 기도했다.

얼마 후, 목사님에게 금요예배 설교를 부탁드렸다. 내가 건강이 온전히 회복되지 않아 체력적으로 힘든 상황이었기 때문에 금요일과 주일, 모두 설교하는 일이 버거웠다. '일주일 내내 설교하는 목사님들도 있는데, 일주일에 두 번 설교하는 게 뭐가 힘들지?'라고 생각하는 독자가 있을 수 있다. 그러나 내게는 두 번이 아니라 한 번 주일 강단에 서는 것도 힘이 들 때가 많았다. 또 한편으로는 나도 다른 목사님 설교에 은혜받고 싶은 마음도 있었다. 나의 요청에 목사님이 부담스러워했지만 결국 들어주셨다. 두 번 정도 설교를 하셨는데 설교하실 때마다 은혜가 되고 참 좋았다.

나는 기도하다가 목사님께 협동 목사를 제안했다. 목사님이 놀라서 기도해 보겠다고 하셨다. 며칠 후 다시 대화를 나누었다. 목사님은 신대원 다닐 때부터 원래 비전이 협력 목회였다고 하셨다. 그런데 아무도 이 비전을 공감해 주는 동기가 없어서 어쩔 수 없이 단독 개척을 했다가 어려움을 크게 겪게 된 것 같다고 하셨다. 그런데 이제 목회를 다 포기한 시점에서 내가 먼저 손을 내밀어 주니 너무 놀랍고 감사하다고 하셨다. 나는 그저 목사님이 사명의 끈을 놓지 않기를 바라는 마음이 있었고, 또 함께 목회하면 더 힘이 날 것 같아서 제안했는데 목사님께 원래 협력 목회에 대한 비전이 있었는지는 미처 몰랐다.

이렇게 해서 목사님이 우리 교회에서 함께 사역하게 되었다. 목사님은 정말 준비된 협동 목사님이었다. 이름뿐인 협동 목사가 아니라 예전부터 생각했던 협력 목회 철학을 따라 자신이 먼저 꼬리가 되겠다면서 모든 일에 겸손하고 성실하게 임했다. 성도도 몇 명 없는 개척 교회라 사례비도 넉넉히 드릴 수 없는 형편임에도 모든 일에 적극적이셨다. 특히 등, 하굣길 전도는 내가 따로 부탁드리지 않았는데도 나오셔서 함께 하셨다. 그러면서 어두웠던 목사님의 얼굴이 밝아지셨고, 상한 마음이 치유되고 회복되기 시작하셨다. 이렇게 건빵 전도하는 횟수가 더해갈수록 하나님은 함께할 수 있는 귀한 동역자를 계속 보내 주셨다. 아울러 치유와 회복도 주셨다.

47
뜻밖의 연합 전도

75회차 한번은 청소년 사역하는 N 목사님을 주일 예배 시간에 강사로 초대한 적이 있었다. 그날 목사님이 직접 제작하여 판매하는 응원 카드라는 것을 가지고 오셨다. 예쁜 그림에 감성적인 응원 문구가 쓰여 있는 명함 크기의 종이 카드였다. 예배 후, 목사님이 나와 성도들에게 카드를 한 장씩 뽑으라고 하셨다. 재미 삼아 뽑았는데, 카드에 있는 문구가 마음에 감동을 주었다. 다들 좋아해서 학생들에게 전도용으로 사용하면 좋을 것 같다는 생각이 들었다. 서둘러 인터넷으로 주문했다. 주문한 응원 카드가 오자마자 건빵 대신 가지고 나갔다.

고등학교 앞에 가자 세 명의 남자분이 뭔가를 열심히 나눠 주고 있는 모습이 보였다. '학원에서 홍보물을 주러 왔나?' 하고 생각하며 다가가는데, 중년의 남자분이 교회 띠를 어깨에 두르고 열심히 과자를 나눠 주고 있었다. 다른 교회에서 전도를 나온 것이었다. 다른 교회에서 전도 나온 것은 처음 보았다. 비록 다른 교회이긴 했지만, 반가운 마음에 먼저 인사를 했다.

"안녕하세요, 전도 나오셨나 봅니다."

"네, ㅇㅇ교회 목사인데요. 전도사님과 셋째 주 목요일마다 전도 나오고 있습니다."

목사님은 학교와 다소 거리가 떨어져 있기는 하지만 한 달에 한 번씩 전도하러 나온다고 하셨다. 그러면서 동행한 전도사님도 인사시켜 주셨다. 두 분 모두 푸근하고 인상이 참 좋으셨다. 응원카드를 가져가느라 건빵을 안 가져갔는데, 목사님이 과자를 나눠주니 잘 되었다는 생각이 들었다. 교회 띠를 하고 있지 않지만, 한 쪽에 깔끔하게 정장을 차려입은 청년이 서 있어서 말을 걸었다.

"혹시 전도사님이세요?"

"네."

"어느 교회에서 오셨어요?"

"ㅇㅇ교회 고등부 전도사입니다."

ㅇㅇ교회는 우리 동네에 있는 대형 교회이다. 5월이라 교회에

행사가 있었던 모양이었다. 새벽예배를 마치고 교회 학생들도 만나고 전도도 할 겸 나왔다고 했다. 그런데 손에 들고 있는 것을 보니 응원 카드였다. 세상에 이럴 수가! 그것도 나와 같은 디자인의 카드였다. 정말 신기했다.

우리 교회 전도팀과 고등부 전도사님이 학생들에게 열심히 응원 카드를 나눠 주었다. 전도사님은 간혹 자기 교회 학생을 만나면 반가워하면서 힘내라고 어깨를 토닥여 주기도 했다. 그 모습이 좋아 보였다. 나도 '우리 교회에 다니는 학생도 많으면 좋을 텐데…' 하면서 한편으로는 부러운 마음도 들었다. 등교 시간이 다 끝나갈 무렵 우리가 가지고 나온 180장의 카드를 다 나눠 주었다. 전도사님은 아직 손에 카드가 조금 남아 있었다. 아무튼 카드를 받는 학생들은 같은 교회에서 나온 것으로 생각했을 것이다. 우리 전도팀이나 전도사님이 나눠 준 응원 카드 모두 원래 인쇄된 응원 문구 외에는 뒷면에 교회 이름을 비롯하여 아무것도 인쇄하지 않았기 때문이다. 계획한 것은 아니지만, 세 교회 교역자가 뜻밖의 연합 전도를 하게 돼서 힘이 나고 좋았다. 그리고 나중에 들은 이야기인데, 이날 응원 카드를 받은 학생들이 감동을 많이 받았다고 한다. 메시지 내용에 울먹인 학생도 있고, 카드를 나눠 준 분들이 누구냐며 호기심을 가진 학생들도 있었다고 한다.

다음 세대 전도가 어렵다고 걱정만 해서는 안 된다. 내 교회,

무엇이든 그게 두렵더라도 시도해보자
'아니면, 되돌아가면 되니까'
(햇님 글)
How scary it may be, give it a shot
if it doesn't work out, you can always turn back
(Haetnim)

네 교회를 떠나 한 영혼이라도 더 구원받을 수 있도록 모든 교회가 한 마음으로 기도하고 서로 응원하며 전도한다면 하나님도 무척 기뻐하실 것이다.

전도 TIP 21. 응원 카드

응원 카드는 N 목사님의 〈스탠드그라운드〉라는 사역 단체에서 제작한 것으로 N 쇼핑몰에서 검색하면 나온다. "너는 이 세상의 빛 같은 존재야", "힘들 땐 잠깐 멈춰도 괜찮아"처럼 교회에 다니는 여부와 상관없이 누구나 들으면 감동이 될 만한 격려와 용기를 주는 메시지가 인쇄되어 있다. 그림도 예뻐서 감수성이 풍부한 고등학생과 청년들에게 활용하면 좋을 것이다.

48
복음 전도 청년의 방문

오후에 교회 앞에서 학생과 주민을 대상으로 건빵 전도를 하고 있을 때였다. 등굣길에 학생들이 몰리는 것과 달리 오후에는 비교적 한산하다. 잠시 쉬면서 전도하는 모습을 사진 찍어서 유튜브 커뮤니티에 올렸다. 그리고 얼마 후 모르는 번호로 전화가 왔다. 모르는 번호로 전화가 올 때면 조금 긴장하곤 한다. 이따금 이상한 전화가 걸려 오기 때문이다. 자신이 누구인지 밝히지도 않고 그냥 이야기를 들어 달라며 신세 한탄을 하는 사람, 나의 신상에 대해 무례할 정도로 물어보는 사람, 물질적인 도움을 받기 위해 거짓말하는 사람까지…. 일방적으로 걸려 온 전화는 최소 30분에서 한 시간 넘게 이어질 때가 있다. 한번은 전도하고 있는데, 자신도 목사라면서 나를 만나고 싶다고 빨리 교회에 와달라는 전화를 받았다. 무슨 일인가 해서 교회에 갔더니 목사를 빙자하여 물건을 팔러 다니는 사람이었다. 정말 해도 해도 너무한다는 생각이 들었다. 이런 일이 생기다 보니, 모르는 번호가 찍히면 긴장이 되곤 했다. 이날도 모르는 번호에 살짝 긴장하며 전화를 받았다.

"안녕하세요, 목사님! 저는 한 달에 한 번씩 개척 교회 이름으로 전도 용품을 준비해서 복음 전도 여행을 다니는 청년인데요. 어느 지역에서 전도할까? 고민하다가 유튜브를 켰는데, 마침 이 시간에 목사님이 전도하고 있는 사진과 게시글을 보게 되었어요. 그래서 이번 달에는 목사님 교회가 있는 동네에서 한빛교회 이름으로 전도를 하고 싶은데 괜찮을까요?"

그동안 여러 전화를 받았지만 이런 전화는 처음 받았다. 목소리나 전화 내용상으로 볼 때 거짓말 같지 않았다. 그래도 혹시 몰라서 전도 용품을 볼 수 있겠냐고 했다. 그랬더니 사진을 찍어서 문자 메시지로 보내 주었다. 나는 그제야 안심했다.

"우리 교회 이름으로 전도해 준다니 정말 감사해요!"

청년은 자신이 일을 하고 있어서 쉬는 토요일에 오겠다고 했다. 그리고 약속한 날짜가 되었다. 토요일인 데다가 하필 장대비까지 오고 있었다. '정말 전화 통화한 그 청년이 올까? 이상한 사람은 아닐까?' 기다리면서 이런저런 생각을 했다. 약속한 시각이 되자 청년이 왔다. 이야기를 들어 보니 비가 오고 차까지 막혀서 1시간 넘게 운전해서 왔다고 했다. 고마웠다. 청년은 가지고 온 쇼핑백을 보여 주었다. 그 속에는 전도용 볼펜 110개가 있었다. 볼펜에는 말씀이 인쇄되어 있고, 투명 비닐로 한 개씩 잘 포장되어 있었다. 포장지 위에는 우리 한빛교회 이름과 연락처, 주소가 인쇄된 라벨이 붙어있었다. 요즘 세상에 어떻게 이런 청년이 있나 신기했다. 그래서 청년과 잠시 차를 마시며 어떻게 이런 일을 하게 되었는지 대화를 나누었다.

청년 형제는 30대로, 아버지는 계시지 않고 어머니와 둘이 살고 있었다. 물려받은 재산이 많았지만, 하나님이 기뻐하시는 일에 사용하고자 어머니와 함께 선행을 많이 하는 것 같았다. 특히 주님을 위해 자신이 할 수 있는 일을 고민하다가 한 달에 한 번씩 개척 교회가 있는 지역에 가서 그 교회 이름으로 전도하기로 주님과 약속했다. 주님과의 약속대로 그렇게 전도하고 돌아오면 세상이 줄 수 없는 기쁨과 평안을 맛본다고 했다. 전도할 지역도 기도하며 하나님의 인도함을 구하곤 하는데, 그날 유튜브에서 내가 나온 새롭게 하소서 간증을 보고 교회 채널에 들어오게 되었다. 그런데 마침 그 시간에 내가 교회 앞에서 전도하는 사진을 찍어서 올렸고, 그걸 보자 한빛교회로 전도하러 가야겠다는 마음이 들었다고 한다. 이런저런 이야기를 듣는데, 청년의 믿음이 참 신실하고 아름다워 보였다. 그래서 축복하며 기도해 주었다.

대화를 마치고 청년은 혼자 전도하러 가겠다고 했다. 하지만 비가 쏟아지는데 혼자 전도하러 가는 것이 영 마음이 쓰였다. 그래서 함께 가자고 했다. 나는 청년이 가지고 온 볼펜의 일부를 남편과 함께 나누어서 쇼핑백에 담았다. 교회 앞에 있는 사거리 횡단보도 앞에서 우산을 쓰고 각자 볼펜 전도를 했다. 청년은 혼자 동네 전도를 하겠다면서 씩씩하게 골목을 향해서 걸어갔다.

비가 억수같이 쏟아지는 가운데 전도를 마치고, 교회로 돌아왔다. 청년도 한참 있다가 돌아왔다. 그런데 웬 작은 떡 상자 하나를 들고 왔다. 청년이 아파트 근처를 다니다가 할머니의 짐을 들어주었는데 자신도 교회 다니는 권사라면서 고맙다고 떡을 선물로 주었다는 것이다. 전도하다 선물 받기는 처음이라면서 신기해했다. 청년이 받아 온 떡을 맛있게 나눠 먹고, 청년은 집으로 돌아갔다. 그날 밤, 청년이 110만 원을 보내왔다. 70만 원은 예수 그리스도의 복음을 위해, 40만 원은 나와 가족을 위해 사용해 달라고 부탁하며, 오직 하나님께만 감사와 영광을 돌려 달라고 했다. 하나님의 타이밍은 참으로 절묘하다. 전도 중에 올린 전도 사진이 또 다른 전도자의 마음에 감동이 되어 함께 전도하게 될 줄이야! 전도하다 보면 정말 생각지 못한 일들로 인해 감사하게 된다.

49
깁스(Gips)한 학생에게 추억을

78회차 구름 끼고 흐린 날씨가 이어져서 그런지 학생들 얼굴도 어두워 보였다. 어깨도 처지고 피곤해 보이는 학생들을 보니 안타까웠다. 그래서 더 큰 목소리로 힘차게 외쳤다.

"어깨 펴고, 화이팅!"

응원하는 소리에 두 주먹을 쥐고 함께 "화이팅!" 하며 지나가는 남학생, 수줍은 미소로 "화이팅!" 하며 지나가는 여학생도 있다. 학생들을 둘러보는데, 발에 깁스(Gips)를 하고 양손에 목발을 짚고 등교하는 남학생이 보였다.

"가방에 건빵 넣어 줄까?"

"네."

재빨리 책가방 주머니에 건빵을 넣어 주었다.

"감사합니다."

학생은 인사하고 교문 안으로 들어갔다. 학교 앞에서 전도하다 보면 깁스를 한 학생들을 자주 보게 된다. 한창 질풍노도의 시기인 만큼 사고도 자주 나는 것 같다. 하긴 우리 아들도 고등학교 입학을 앞두고 쇄골이 부러져서 오랫동안 깁스를 하고 다닌 적이 있었다. 그래서인지 학교 앞에서 만나는 학생을 볼 때면 아들 같고 딸 같다. 그래서 빨리 나으라고 격려하면서 건빵을 더 잘 챙겨 준다. 드물게는 장애를 가진 학생이나 몸에 다양한 질병을 가진 학생들도 보게 된다. 대체로 이런 학생들은 건빵을 잘 받지 않는다. 낯선 사람에 대한 경계심이 있어서 그런 것 같다.

깁스한 학생을 들여보내고 나니, 두 손 가득 큰 상자를 들고 가는 학생들이 나타났다. 상자 위에 건빵을 올려 주니 밝은 미소로 목례하면서 들어갔다. 이후로도 종종 상자를 들고 가는 학생이 있었다. 무슨 과제가 있는 모양이었다. 아무튼 가방에 건빵을 넣어 주고, 상자 위에 건빵을 놓아 주어도 거리낌 없이 대해 주니 좋았다. '학생들을 자주 만나다 보니 정이 들어서 엄마처럼 편하게 생각하는 것은 아닐까?' 하는 생각에 괜히 흐뭇했다.

이렇게 학교 앞에서 열심히 건빵 전도하는 모습을 짧은 영상으로 만들어 유튜브나 릴스에 올릴 때가 있다. 그때 나는 등굣길 '전도'라고 하지 않고 등굣길 '응원'이라는 말을 사용한다. 전도라는 말이 불신자나 다른 종교를 가진 사람에게 거부감을 줄 수 있기 때문이다. '응원'이라는 말은 우리가 하는 전도가 학생들을 사랑하는 마음에서 하는 좋은 일이라는 의미를 잘 살려 준다. 전도든 응원이든 똑같이 좋은 일을 하는 건데, 굳이 불신자에게 거부감을 줄 필요가 없다. 건빵 전도를 통해 지친 학생을 위로하고 격려하는 것 또한 사실이기 때문이다.

길거리 전도를 나가보면 청년들이 전도지를 잘 받지 않는다. 이유야 여러 가지이겠지만, 그중의 하나가 교회에 대한 좋은 기억이 없어서 그런 것 같다는 생각이 든다. 우리 세대만 해도 먹고 살기 힘들었던 시대라 교회에 대한 좋은 추억이 많다. 성탄절에 나눠 주는 초코파이, 부활절 계란 등 예수님을 믿든 안 믿든 교회에 가면 맛있는 과자를 먹을 수 있었다. 어른이 되어서도 전도에 대해서 호의적인 이유 중 하나가 그러한 추억이 있기 때문일 것이다. 학교 앞에서 만난 목사님이 목발 짚고 갈 때 가방에 건빵을 넣어 주고, 과제물 상자 위에 건빵을 놓아 주는 일 모두 교회에 대한 따뜻한 추억이 될 수 있다. 이 학생들이 몇 년 지나지 않아 청년이 되어 전도를 받게 될 때, 거부감보다 호의적인 마음을 갖게 된다면, 등굣길 전도가 충분히 가치 있는 일이다. 그러므로 아직은 마음이 열려있는 청소년에게 교회 전도에 대한 좋은 추억을 많이 만들어 주자.

50
카메오 전도자

81회차 영화나 드라마에 보면 카메오 출연이라는 게 있다. 우정 출연이라고도 한다. 주로 친한 배우가 단역으로 출연해 주는 건데, 우리 등굣길에도 종종 카메오 전도자가 온다. 이날은 내가 교사 시절에 가르치던 어린이가 청년이 되어 등굣길 전도에 합류하기 위해서 왔다.

"목사님!"

"ㅇㅇ아! 어서 와!"

학교 앞에 제자가 나타나자 얼마나 반가웠는지 나도 모르게 덥석 안아 주었다. 마치 어릴 적에 유학 보냈던 아들을 10년 만에 만난 기분이었다.

"제가 많이 늦은 건 아닌가요?"

"세상에나! 집도 멀고, 차도 막힐 텐데 어떻게 왔니?"

"새벽에 일어나서 준비하고 왔어요!"

제자는 집이 영등포와 멀리 떨어져 있는 구리시에 살았는데, 새벽 5시부터 준비해서 나왔다고 했다. 반가운 마음을 나눌 겨를 없이 등교하는 학생들이 몰려와서 일단 제자에게 건빵이 들어 있는 바구니를 주었다. 나와 함께한 목사님과 전도사님은 응원 피켓을 들고 힘차게 학생들을 응원해 주었다.

이제 스무 살이 된 제자는 훤칠한 키에 훈남 청년이 되었다. 자신도 고등학교를 졸업한 지 얼마 안 되어서 그런지 학생들에게 최대한 예의 있게 "안녕하세요! 좋은 하루 되세요"라고 인사하며 나눠 주었다. 그 모습이 귀엽기도 하고 풋풋하게 보였다. 고등학생 전도를 마치고 중학교 쪽으로 이동했다. 중학생에게는 조금 편하게 전도해도 괜찮다고 이야기했지만, 여전히 예의 있게 인사하며 나눠 주었다.

제자는 내가 장로교회에서 어린이 찬양팀 교사를 하고 있을 때, 유년부 찬양팀 어린이였다. 그 당시 유, 초, 소년부 세 부서의 어린이 찬양팀이 연합 사역을 했었고, 내가 리더를 맡고 있었다. 부서는 달라도 찬양팀 어린이 선발 및 교육과 행사를 함께 했기 때문에 대부분의 어린이들을 기억하고 있었다. 특히 제자의 어머니는 내가 교사로 있던 당시에 같은 여전도회에서 활동하던 동갑내기 집사님이기도 해서 심적으로는 아들이나 마찬가지였다.

제자가 초등부로 올라갈 때, 나는 순복음 교단 신학교인 한세대학교 M.Div.에 입학하게 되면서 교회를 떠났다. 그래서 초등학생이었던 제자가 나를 기억하고 있을 줄은 몰랐다. 그런데 내가 인스타그램을 하게 된 지 얼마 안 되어 제자가 나를 기억하고는 팔로우하기 시작했다. 그러다 제자가 소명 받아 신학교에 들어가게 되었고, 다음 세대를 품게 되었다는 사실을 알게 되었다. 제자는 내가 등굣길 전도 포스팅을 하는 것을 계속 지켜보다가 마음에 도전받았다고 했다. 그래서 1학기를 종강하자마자 나에게 연락했고 직접 전도하기 위해 이 먼 곳까지 오게 된 것이다. 그리고 현재는 10년 전 내가 지도했었던 어린이 찬양팀의 초등부 리더로 봉사하고 있다고 했다. 그 이야기를 듣는데 얼마나 대견하고 감동스러웠는지 모른다. 교사 시절 주님이 어린이 찬양예배 회복에 대한 사명을 주셔서 어린이 찬양팀을 세워 눈물로 기도하며 8년간 아이들을 양육했었다. 그 당시에는 열매를 보지 못하고 떠나와야 했는데, 제자를 통해서 그 열매의 기쁜 소식을 들으니 참으로 감사했다.

제자는 직접 와서 전도해 보니 청소년 전도에 대한 막연한 걱

정과 두려움이 사라져서 좋았다고 했다. 그래서 교회로 돌아가 교회 친구들과 함께 청소년 전도를 해 보겠다고 말했다. 내가 하는 전도는 바로 이런 것이다. 교회에서 하는 봉사가 다음 세대들을 통해 열매 맺는 것처럼 전도의 씨앗도 하나님이 반드시 자라게 하고 어디선가 열매를 거두게 하실 때가 온다는 것이다. 이것은 나의 신념이 아니다. 성경에서 그렇게 말씀하고 있기 때문이다.

> "우리가 선을 행하되 낙심하지 말지니 포기하지 아니하면 때가 이르매 거두리라"(갈 6:9)

51

여름에도 긴팔 체육복을 입는 이유

84회차 장마가 시작되어서 그런지 아침부터 후덥지근했다. 얇은 티셔츠를 입고 나와도 더운 열기에 금방 더웠다. 그런데 전부터 이상한 것이 있었다. 더운 날씨에도 긴팔 체육복을 입고 등교하는 학생들이 제법 많았다.

'이 후덥지근한 날씨에 긴팔 체육복을 입고 등교하다니….'

나는 동행한 사모님에게 물었다.

"요즘 아이들은 더위를 별로 안 타나 봐요? 아니면 이것도 패션인가요?"

"목사님, 아이들이 에어컨 때문에 추워서 그렇대요."

아니 이럴 수가! 한여름에 더위를 잘 못 느껴서가 아니라 추위를 잘 타기 때문이라니….

요즘 학교는 냉방 시설이 잘되어 있어서 냉방병에 걸리는 학생들이 많다고 한다. 하루 종일 에어컨 바람을 쐬다 보면, 하교할 때도 몸에 남아 있는 냉기로 인해 더위를 크게 느끼지 못한다는 것이다. 그러고 보니 잠시 걷는 시간을 제외하고는 버스를 타든 학원을 가든 계속 에어컨 바람에 노출되니 그럴 만도 하다.

그 말을 듣는 데 격세지감을 느꼈다. 내가 학교 다닐 적만 해도 냉방병이라는 말이 존재하지 않았다. 냉방병은 고사하고 여름이면 찜질방 같은 교실에서 더위와 사투를 벌였다. 벽에 걸린 선풍기 몇 대에서 불어오는 바람에 의지하며, 그 바람도 쐬기가 어려워 책받침으로 부채질을 연신 해대야 했다. 그래도 더워서 쉬는 시간에는 세수를 하기 위해 화장실로 달려갔다. 그런데 냉방병이라니…. 이 이야기를 페이스북에 공유했더니 더운 동남아 지역에서 선교하고 있는 선교사님이 부럽다고 댓글을 달았다. 그곳 사정이 내가 학교 다니던 시절과 별반 다르지 않았기 때문이다. 그러고 보면 우리나라가 참으로 복을 받았다는 생각이 든다.

다음 세대는 풍요의 세대요, 최첨단 시대를 살아가고 있는 세대이다. 이런 다음 세대에게 에어컨 바람보다 소중한 바람이 불어야 한다. 성령의 바람, 생명의 바람에 노출하는 일은 더운 날 에어컨 바람과 비교할 수 없이 매우 중요하다. 이 바람을 쐐야만 지옥에서 올라오는 뜨거운 불에서 안전할 수 있다. 영원한 생명을 얻을 수 있다. 건빵과 전도 카드를 통해 영혼 깊은 곳까지 시원하게 하는 생명의 바람을 다음 세대가 조금이라도 맛볼 수 있기를 바라며, 전도해야 할 이유를 다시 발견하게 된다.

52
미스터 쾌남과 함께한 축제

학기 초에 페이스북 친구 한 분이 우리 교회에 오고 싶다는 댓글을 남겼다. 얼마 후, 메시지를 보내왔다. 그분은 '찾아가는 예배'를 드리는 일을 한다면서 자신이 활동하고 있는 영상 자료를 공유해 주었다. 자료를 보니 장광우 목사님과 함께 미스터 쾌남이라는 이름으로 팀 사역도 하는 박상혁 찬양사역자였다. 장광우 목사님은 워낙 오래전부터 유명하셨던 분이라 알고 있었지만, 솔직히 박상혁 사역자님은 잘 알지 못했다. 나중에 알아보니 CBS "새롭게 하소서"에도 출연했고, 〈주깡〉이라는 힙합 앨범으로 열심히 활동하고 있는 분이었다. 그런데 우리 한빛교회에 와서 찬양으로 섬겨 주고 싶다고 연락을 준 것이었다. 그동안 교파를 초월하여 다양한 교회의 목사님과 성도님이 우리 교회에 다녀갔지만, 유명한 찬양사역자가 자원하여 예배를 섬기겠다고 한 적은 처음이었다. 그래서 어리둥절했다. 사역자님은 하나님이 우리 교회를 섬기

라는 마음을 주셨다고 하면서 마음에 부담을 갖지 말라고 하셨다. 그래서 중고등학교 기말고사가 끝나는 7월에 찬양 예배를 드리기로 했다.

그리고 드디어 찬양 예배를 드리는 날이 되었다. 원래는 혼자 오기로 했는데, 장광우 목사님과 김성호 전도사님도 일정을 비우고 함께 오셨다. 세 분 모두 유명인이어서 한자리에 모이기가 쉽지 않다는데, 성도도 많지 않은 작은 개척 교회를 섬기고자 온 것이다. 그것만으로도 감사해서 은혜를 받았다. 그런데 그 은혜는 여기서 멈추지 않았다. 세 분은 찬양 예배가 시작하는 시간부터 마치는 시간까지 온 마음과 열정을 다 쏟았다. 무대만 보면 대형 집회에서 하는 것과 차이가 없었다. 이 열정에 감동하여 열 명 남짓 예배드리던 성도가 어른이나 아이 할 것 없이 다윗처럼 즐겁게 춤추며 하나님을 찬양했다. 얼마나 기쁘고 즐거웠는지 모른다.

입술로는 하나님을 찬양하고 있었지만, 나는 하나님께 큰 선물을 받는 것 같았다. 1학기 동안 열심히 수고하며 전도한 나와 한빛 공동체를 위로해 주시는 것 같았다. 바로 다음 주면 중고등학교가 여름 방학을 하게 돼서 등굣길 전도도 방학을 하기 때문이다. 그것을 의도하고 날짜를 정한 것은 아니었는데, 너무 기쁘고 감사한 시간이었다. 특별히 우리 교회 성도들은 저마다 눈물 골짜기를 걸어왔다. 그래서 그동안 마음껏 웃고 기뻐하는 일이 쉽지 않았다. 그러한 사연을 알기에 하나님 앞에서 웃고 즐거워하는 것을 보는 것만으로도 무척 감동스러웠다.

잃어버렸던 한 영혼이 하나님께 돌아올 때, 하나님도 이렇게 기뻐하며 춤을 추실 것이다. 하나님 아버지의 품에서 눈물을 닦아주시고, 마음껏 기뻐하며 주님을 찬양하도록 하실 것이다. 이 기쁨을 우리 다음 세대와 함께 누리려면 전도해야 한다. 그리고 전도를 위해서 당하는 우리의 수고와 눈물을 주님이 모른 척하지 않으신다. 기꺼이 천국 잔치의 즐거움에 함께하도록 우리에게 은혜를 베풀어 주실 것이다.

제4장 100회의 전도 여정

53
전도 횟수 조정

87회차 2학기 등굣길 전도를 시작했다. 여름 방학을 보내고 오랜만에 고등학교에 갔다. 교문 앞에서 학생을 맞이하고 있던 선생님께 인사하자 반가워하셨다. 곧바로 등교하는 학생들을 맞이하기 위해 바구니에 건빵을 담았다. 지난 1학기부터는 전도 일행이 많이 늘어났다. 나를 포함하여 고등학교는 세 명, 중학교는 네 명이 전도했다. 협동 목사님이 건빵을 나눠 주고, 전도사님은 응원 피켓을 들고서 나와 함께 화이팅을 외쳤다. 네 명이 할 때는 피켓을 하나 더 들고서 응원한다. 함께하는 사람이 늘어나니 힘이 나고 즐거웠다. 아직 후덥지근한 아침 공기에 더웠지만, 오랜만에 우리 전도 일행을 본 학생들이 반가워하며 인사했다. 여름 방학 내내 건빵 맛을 보지 못해서 그런지 더 반가워하는 것 같았다. 고등학교 전도를 마치고 중학교 근처로 갔다. 여기서도 학생들이 반가워하며 인사했다. 1학기가 지나니 아이들이 부쩍 성장한 느낌이 들었다.

이번 학기부터는 전도 횟수를 1주일에 두 번으로 변경했다. 한 번은 등굣길, 또 한번은 하굣길 이렇게 두 번 나가기로 했다. 건빵을 1년 가까이 주다 보니 싫증이 났는지, 잘 받던 학생이 받지 않는 경우가 있었다. 그래서 이제부터는 건빵을 받고 싶게 만들고 싶었다. 그리고 나의 체력적인 측면에서도 횟수 조정이 필요했다. 한 번이든 두 번이든 꾸준히 하는 것이 중요하다. 묵묵히 자리를 지키며 꾸준히 할 수 있는 전도 전략을 세워서 성실하게 전도에 임해야 한다. 이렇게 새로운 마음가짐으로 새롭게 부어 주실 하나님의 은혜를 기대하며 2학기 전도를 시작했다.

전도 TIP 22. 전도할 수 없는 때가 오기 전에

학원가에서 있었던 마약 음료 행사가 뉴스로 보도된 후로 학교나 학원에서는 길거리에서 주는 먹거리를 받지 말라는 교육이 강화되었다. 학부모도 교육하는지 건빵 받는 학생들의 숫자가 조금 줄었다. 아는 목사님 중에는 실제로 초등학교 앞에서 과자 전도를 하다가 학부모의 신고를 받고 나온 경찰에게 전도를 제지당하기도 했다. 점점 전도하기 어려워지는 시대가 오고 있다. 그동안 당연하게 생각하던 학교 앞 전도나 길거리 전도가 당연해지지 않는 시대가 오고 있다. 우리는 코로나19 팬데믹 때 이미 경험했다. 그래서 할 수 있을 때 지혜를 모아서 열심히 전도해야 한다.

54
전도 카드에 울컥했어요!

90회차 전도를 다녀와서 전해 들은 이야기다. 등굣길에 나눠주는 건빵에는 항상 전도 카드가 붙어 있다. 한 구절이라도 하나님의 말씀을 들려주기 위해서다. 하지만 전도 카드가 학생들에게 어떤 영향을 끼치고 있는지 직접 들은 바가 없어서 궁금했다. 그런데 전도를 다녀와서 은혜로운 이야기를 듣게 되었다.

한 학생이 친구 관계 문제로 매우 힘들어하고 있었다. 친했던 친구들 사이에서 뭔가 오해를 받는 상황이었다. 학생은 예전처럼 친구들과 편하게 지내기가 어려워졌고 따돌림당하는 것 같아 무섭고 힘들었다. 이 문제를 어떻게 해결해야 할지 고민이 되어서 부모님과 상의했다. 부모님은 선생님과 상담하면서 친구 한 명을 학폭위(학교폭력대책 심의위원회)에 신고하기로 했다. 학생은 그 일로 인해 마음이 무거웠다. 혹시 신고한 것으로 인해 문제가 더 커지거나 다른 친구들과 사이가 멀어질까 봐 걱정되었다. 그렇게 걱정을 한가득 안고 등교하던 어느 날, 학교 앞에서 우리가 나눠 준 전도 카드를 받았다. 평소에는 건빵도 같이 받았는데 건빵이 떨어졌는지 카드만 받아서 실망스러웠다. 시큰둥하게 카드를 주머니에 넣고 교실로 왔다. 그리고 주머니에 있던 카드를 꺼내서 책상 위에 올려놓았다. 그런데 카드를 보는 순간 눈물이 핑 돌았다. "겁내지 마세요!"라는 글씨가 크게 쓰여 있었기 때문이다. 학폭 문제로 겁나고 불안했던 마음을 마치 하나님이 아시고 직접 말씀하시는 것처럼 느껴졌다. 성경 구절을 읽으니, 하나님이 함께하시겠다는 내용이었다. 학생은 전도 카드를 보고 또 보았다. 눈물이 났다. 집에 돌아와서도 책상 잘 보이는 곳에 붙여 놓았다. 그리고 하나님이 함께하신다는 말씀을 믿고 용기를 갖기 시작했다. 시간이 지나서 학폭위가 열렸고 담대한 마음으로 임했다. 걱정과 달리 고민했던 친구들과의 문제가 잘 해결되었고, 다시 즐겁게 학교생활을 하게 되었다.

이 이야기를 듣는데 감동스러웠다. 그동안 이런 일이 일어나기를 얼마나 고대했는지 모른다. 비록 짧은 성경 한 구절이지만, 전도 카드에 있는 말씀이 학생을 살리는 생명의 물이 되기를 기도했다. 교회에 나가든 나가지 않든 어두운 세상에서 살아가는 학생들에게 생명을 살리는 말씀이 되기를 간절히 바라고, 바라 왔다. 그런데, 그 믿음대로 주님이 일하고 계셨다! 매주 만나는 학생들

겁내지 마세요!
여호와 그가 네 앞에서 가시며 너와 함께 하사 너를 떠나지 아니하시며 버리지 아니하시리니 너는 두려워하지 말라 놀라지 말라
신명기 31장 8절
LV.9
YouTube
한미연 목사

이 1년 후, 5년 후, 10년 후 어떻게 변할지는 아무도 모른다. 하지만 주님은 아신다. 그러므로 우리는 그저 농부의 심정으로 전도의 씨앗을 계속해서 뿌리면 된다. 그러면 주님이 자라게 하실 것이다. 어떤 것은 빨리 자라 열매를 맺을 것이고, 어떤 것은 시간이 오래 걸리게 될 것이다. 하지만 분명한 것은 씨앗을 통해서 주님이 일하신다는 것이다.

55
딸 바보라서 어쩔 수 없었어요

93회차 함께 전도하는 협동 목사님은 신학교에 가기 전까지 직업 군인을 하셨다. 그래서 그런지 무슨 일을 하든 체계적으로 잘하신다. 충성스럽기까지 하셔서 어떤 일을 부탁드리면 즉각적으로 순종하신다. 때론 내가 군대에 와 있는 것처럼 느껴질 정도로 정말 순종도 군인처럼 충성스럽게 하신다. 그렇다고 해서 목사님이 권위적인 것은 아니다. 신앙적인 면에서는 매우 겸손하시다. 의외로 수줍음도 잘 타시고 내성적이시다. 정말 잘 안 어울릴 것 같은 조합인데 묘하게 잘 어울리는 성향을 지니신 분이 바로 우리 협동 목사님이다. 그런데 목사님도 순종하기 힘든 게 있으시다. 바로 전도 현장에서 학생들을 만나는 때이다.

이날도 목사님이 건빵을 바구니에 담아서 열심히 나눠 주고 있었다. 그런데 중학생 여자아이가 오더니 애교 섞인 목소리로 말했다.

"건빵, 하나만 더 주시면 안 돼요?"

그러자 목사님이 묻지도 따지지도 않고 하나를 더 주셨다. 그러자 옆에 있던 친구도 하나 더 달라고 했다. 그 순간 목사님의 얼굴을 보니 아빠 미소를 한껏 머금고 계셨다. 이러다 더 달라는 아이들을 다 주실 것 같은 생각에 얼른 나서서 학생들에게 말했다.

"다른 친구들도 주어야 해서 안 돼요."

"네."

여학생들이 아쉬워하며 가던 길을 갔다. 그러자 목사님이 수줍게 웃으며 말했다.

"남자아이였으면 단칼에 거절했을 텐데, 제가 딸 바보라 어쩔 수가 없었습니다."

"하하하!"

우리는 목사님 대답에 다 같이 웃었다. 무뚝뚝하게 서 계시면 아직도 현직 군인인 것처럼 각(?) 잡혀 있는 목사님이신데, 너무 수줍게 미소 지으며 딸 바보라고 하니까 반전도 그런 반전이 없었다. 동행하신 사모님도 말했다.

"우린 아들 바보라서 남자아이였으면 거절하지 못했을 거예요."

"하하하!"

등굣길이 딸 바보 · 아들 바보 목회자와 사모로 인해 웃음이 넘쳤다. 사실 나와 동역자분들에게는 학생들과 비슷한 또래의 자녀가 있었다. 그래서 학생들이 자식처럼 느껴져서 더 애정이 갔다. 이처럼 동역자와 함께하니 쌀쌀해진 늦가을 등굣길이 훈훈해지고 즐거웠다.

56
유튜브 잘 보고 있어요

94회차 이제는 얼굴을 아는 학생들이 제법 많아졌다. 교회 앞에서 하굣길 전도하다 보니 아파트에 사는 학생과 버스 정류장에서 자주 만나는 학생들의 얼굴을 기억하게 되었다. 그래서 학생들을 만나면 우리 교회 학생인 것처럼 반가웠다. 그리고 나를 알아보고 먼저 인사하는 학생도 있다. 학기 초, 고등학교 정문에서 열심히 건빵을 주고 있는데 한 남학생이 자전거를 끌고 다가왔다. 눈을 마주쳤는데 뭔가 할 말이 있는 듯한 눈빛이었다. 마침 중간고사를 앞두고 있어서 응원의 말을 해 주었다.

"시험 잘 봐!"

"저, 유튜브 잘 보고 있어요."

뜻밖의 대답에 귀가 번쩍 뜨였다. 아마도 전도 카드에 있는 유튜브와 내 이름을 검색해 본 모양이었다. 반가웠다.

"오! 그래. 몇 학년이니?"

"2학년이에요."

"이름 물어봐도 되니?"

"김○○이에요."

"그래, 나중에 떡볶이라도 같이 먹자."

"네, 알겠어요. 목사님."

아이들이 몰려오고 있어서 내 명함을 빨리 학생에게 주고 문자를 달라고 부탁했다. 학생은 그러겠다고 대답하고 자전거를 끌고 교문 안으로 들어갔다. 하지만 부끄러운지 그 후로 문자가 오지는 않았다. 그래도 매주 정문에서 학생을 만나면 반갑게 인사했고, 건빵이 떨어지더라도 그 학생 건 남겨 두었다가 주곤 했다.

그렇게 1학기를 보내고 2학기가 되었을 때 학생에게 핸드폰 번호를 물어보았다. 번호를 저장하고 인스타그램에서 친구를 맺었다. 내 유튜브를 볼 정도면 교회에 다니는 아이일 것이란 생각이 들었다. 하지만 건빵에 대한 학생들의 반응이 궁금하기도 해서 꼭 만나고 싶었다. 드디어 학생과 약속을 잡았다. 학교 근처에 있는 토스트 가게에서 만났다.

학생은 예상대로 모태 신앙으로 반듯하게 자란 친구였다. 학생이 다니는 교회와 전도 대상자인 친구 이야기, 일상생활 등 보통의 학생 심방과 같은 대화의 시간을 가졌다. 나는 등굣길에 나눠 주는 건빵에 대해 어떻게 생각하는지 물었다. 다른 학생들에게 들은 것과 비슷했다. 특히 남학생들이 건빵을 좋아해서 쉬는 시간에 먹거나 안 받은 친구들이 나눠 달래서 같이 먹을 때도 있다고 했다. 아침밥을 대신해서 먹기도 하고 방과 후 학원에 가져가서 먹을 때도 있다고 했다. 그리고 전도 카드에 있는 성경 구절을 보고 위로를 느낀 적도 종종 있었다고 했다. 전도 카드에 있는 성경 구절 중에는 새 번역 성경이나 쉬운 성경을 인용할 때도 있다. 그래서 이해가 잘되지 않던 성경 구절이 쉽게 다가온 적도 있고, 성경도 여러 종류라는 것도 알게 되었고 했다. 어느 정도 다른 사람을 통해 들어서 알고는 있었지만, 그래도 학생을 통해 직접 들으니 좋았다. 그리고 학생에게는 지금 다니는 교회에 잘 다니라고 했다. 1년이 넘도록 우리 교회에 전도되어 온 학생은 없었지만, 이렇게 교회에 다니는 학생, 안 다니는 학생 등 학생 친구들이 한 명씩 생기고 있어서 보람 있고 좋았다.

57
토요 피자데이와 악기 교실

학기 초에 열심히 건빵 전도를 하면서 학생들과 접촉점을 갖기 위해서 고민했다. 그러자 남편이 토요일에 피자데이를 하면 어떻겠냐고 제안했다. 남편은 교회를 개척하기 전까지 20년 넘게 교회학교에서 교사와 부감, 부장으로 섬겼다. 그 당시 학교 앞 전도에도 무척 열심이었다. 그런 남편이 방과 후 교회에서 학생들에게 피자나 컵라면을 주면 좋겠다고 했다. 하지만 재정 부담도 있었고, 무엇보다 교회에서 누군가 학생들을 계속 기다려야 하는데 그게 쉽지 않았다. 더구나 매일 하는 것은 부담스럽기도 해서 토요일 하루를 정해서 시작해 보기로 했다. 그리고 우리 아들이 예고와 예대를 나와서 베이스 기타와 드럼을 잘했다. 그래서 청소년을 위한 악기 교실도 함께 운영해 보기로 했다.

한 번도 해 보지 않았지만, 기대하고 시작했다. 전도 카드 뒷면에 토요 피자데이와 악기 교실을 알리는 내용을 인쇄해서 계속 홍보했다. 포스터도 제작하여 교회와 상가 곳곳에 붙여 두고 배너도 잘 보이는 장소에 세워 두었다. 그러자 악기 교실 문의가 들어왔다. 그런데 학생이 아니라 주로 성인반 강습 문의였다. 성인반은 일대일 유료 개인 지도로 이어졌다. 그러는 사이에 소개로 청소년 개인 지도도 한 명 하게 되었다. 아들은 직장 생활을 하면서 토요일에 시간을 내어 개인 지도도 하며 적극적으로 도왔다. 참으로 고마웠다. 그리고 성도님과 지인의 자녀들이 토요 피자데이와 악기 교실에 오게 되었다. 적은 인원이었지만 토요일에 교회에서 피자 냄새가 나고 악기로 시끄러워지니까 좋았다. 그런데 교회가 있는 지하상가에서 시끄럽다고 항의가 들어왔다. 건물이 오래되어 방음 시설이 잘되어 있지 않다 보니 교회 내에 방음 설치가 되어 있는데도 소리가 새어 나갔다. 양해를 구하면서 몇 달간 진행했다. 그런데 시간이 지나자, 개인 사정으로 학생들이 하나, 둘 나오지 못하게 되었고, 개인 지도도 그리 오래가지 못했다. 한번은 하굣길 건빵 전도를 받았던 초등학생 한 명이 피자를 먹겠다고 교회에 왔다. 반가웠다. 하지만 이 아이는 다른 교회에 다니는 아이였고 사람이 없으니까 두 번 정도 오고 오지 않았다. 결국 1년 가까이 해오던 토요일 피자데이와 악기 교실은 중단하게 되었다.

그런데 이것은 어디까지나 우리 교회에서의 경험이다. 지역의 특수성에 따라 다른 것 같다. 내가 알아본 바로는 어떤 지역은 방

Revival

한빛교회

과 후, 교회에서 주는 간식으로 인해 큰 부흥을 이룬 교회도 분명히 있었다. 또 악기 교실이 전도에 도움이 되었다고 하는 교회도 있었다. 맞벌이 가정이나 한 부모, 다문화 가정이 많은 지역의 경우는 특히 이런 방과 후 전도 방법이 효과적이라는 이야기도 들었다. 그러므로 각 교회가 속한 곳의 지역 특성에 맞게 접촉점을 달리하는 것도 다음 세대 전도를 위해 필요한 일이라 생각한다.

58
교회에 청년들이 오다

다음 세대를 세우라는 비전을 받고 열심히 청소년 전도를 나갔지만 교회에 오는 청소년은 없었다. 전도한 지 50회차가 넘어갈 때, 30대 초반의 청년 형제가 주일 예배에 왔다. 대화해 보니 청년은 며칠 전 우리 교회 근처에 있는 고시텔로 오게 되었다. 예배드릴 곳을 찾다가 마침 교회 현수막이 보여서 찾아왔다고 했다. 수줍게 웃는 모습을 보니 순수해 보였다. 하지만 개척 교회 특성상 새 신자가 와도 좋아할 수만은 없었다. 이상한 목적으로 오는 사람도 있고, 사정이 있어서 그저 예배 한 번 드리러 오는 사람도 있기 때문이다. 더구나 청년이어서 마음에 부담을 주면 안 되었다. 주변에 크고 좋은 교회도 많으니 가보고 오라고 했다. 그런데 다른 교회에 가지 않고 계속 금요일에도 주일에도 교회에 나왔다. 그런데 이상하게 옷이 늘 같았다. 날씨가 쌀쌀한데도 양말도 신지 않고 있었다. 대화해 보니 안타까운 사정이 있었다.

청년은 어릴 때부터 심리적인 장애가 있었다. 성인이 되면서부터는 부모님과 떨어져 지내게 되었다. 그러다 보니 사회생활에 어려움이 있었다. 한 번은 관공서에 갔다가 누군가 의자에 놓고 간 핸드폰을 발견했는데, 그것을 별생각 없이 집에 가지고 왔다가 분실한 사람의 신고로 경찰서에 가게 되었다. 이전에도 괜한 오해를 사서 신고당한 적이 있다 보니 누적되어 벌금이 나왔다. 하지만 벌금 낼 돈이 없어서 구치소에 몇 개월 있게 되었다. 출소하여 이전에 살던 집에 가 보니 짐이 다 폐기 처리된 상태였다. 입고 있는 옷과 운동화, 메고 있는 가방 하나가 전부였다. 도움을 주고 싶어서 형제에게 필요한 것이 있는지 물어보았다. 괜찮다며 거절했다. 자신이 조만간 취업해서 해결하겠다고 했다. 교회에 도움을 받기 위해 의도적으로 접근하는 사람도 많은데 순수한 청년의 모습에 도움을 주고 싶었다. 그래서 당장 급한 의류와 생필품을 조금 사주었고, 이후로 계속 교회에서 함께 신앙생활을 하게 되었다.

형제가 온 지 얼마 안 되어서 금요기도회 시간에 외부 강사 초청 일일 부흥회가 있었다. 이날 30대 초반의 청년 형제가 또 왔다. 어떻게 왔냐고 물었더니 페이스북에 올린 부흥회 광고를 보고 왔다고 했다. 평소 내 계정을 팔로우하면서 교회에 관심이 있던 차에 부흥회 한다는 소식을 듣고 찾아온 것이었다. 인상이 선하고 좋았다. 교회도 다니고 있는 것 같아서 그냥 인사하고 헤어졌다.

집에 돌아간 뒤, 청년에게 페이스북 메시지가 왔다.

"목사님, 오늘 함께 예배드릴 수 있어서 너무 기뻤습니다. 귀한 시간과 자리 만들어 주셔서 감사드립니다."

"잘 들어가셨어요? 뜻밖의 방문으로 저도 너무 반가웠어요."

예의 바른 태도에 어떤 형제인지 궁금했다. 그래서 물었다.

"혹시 신학생이세요?"

"찬양사역자가 되고 싶은 예수 믿는 모태 신앙 청년입니다."

형제가 찬양사역자고 되고 싶다는 말이 머리에 맴돌았다. 기도하다가 며칠 후 통화했다. 우리 교회에 찬양인도자가 필요했기 때문이다. 혹시 다니는 교회가 있는지, 거기서 사역하고 있는지 다시 물어보았다. 그랬더니 사역은 하지 않고 예배만 드리러 가는 교회라고 했다. 나는 우리 교회에 다니면서 찬양 사역을 해 보면 어떻겠냐고 제안했다. 비록 작은 교회지만 찬양 인도의 경험을 쌓는 것도 좋은 일이니 말이다. 그랬더니 정말 좋아하고 감사해했다. 그렇게 해서 형제가 우리 교회에 오게 되었다. 직장 다니며 찬양사역자의 꿈을 조금씩 이루어 가고 있는 형제를 보면 나도 기쁘고 감사했다.

그 후로도 몇 명의 청년이 더 왔다. 아침에 자고 일어나는데 어떤 청년이 떠올라서 연락했더니 교회를 안 다니고 방황하고 있다고 했다. 그 사이 우리 교회 근처로 이사도 온 상태였다. 그래서 하나님의 뜻으로 알고 교회에 오게 되었다. 또한 지방에 살고 있는 어머니의 권면으로 교회에 나오게 된 청년 자매들도 있었다. 그리고 교회에 피아노 반주자가 없어서 처음으로 모집 공고를 냈는데 실력이 출중한 청년 형제가 반주자로 지원하여 오게 되었다. 이렇게 하나님은 교회에 청년들을 계속 보내 주셨다. 그중에는 개인 사정으로 현재는 교회에 나오지 못하는 이들도 있다. 하지만 하나님은 청소년 대신 청년 성도들을 보내서 격려해 주시고 다음 세대를 세워 가는 기쁨을 주셨다.

59
건빵 때문에 온 가나안 성도

청년부 수련회를 가게 되었다. 몇 명 안 되는 인원이지만, 함께 뜨겁게 기도하고 은혜받고 싶었다. 수련회 포스터를 만들어서 SNS에 홍보했다. 숙박비 등의 재정을 마련하기 위해 후원 요청의 글도 올렸다. 페이스북과 유튜브 친구 중에서 몇 명이 후원금을 보내왔다. 그런데 한 명은 어느 경로로 후원하게 되었는지 전혀 알지 못하는 분이었다. 수련회를 다녀온 후, 몇 주 지나서 인스타그램을 보다가 갑자기 내 글에 '좋아요'를 눌러 준 분들의 명단이 보고 싶었다. 명단을 보다가 고마운 마음에 정상적인 계정인지 확인 후 나도 팔로우를 했다. 나는 그동안 인스타그램은 따로 친구 신청을 잘 하지 않았다. 페이스북과 유튜브 계정 관리만으로도 바빴기 때문이다. 그런데 이날은 이상하게 신청하고 싶었다. 그리고 몇 시간이 지나서 인스타그램으로 메시지가 왔다. 자신을 팔로우해서 고맙다는 내용이었다. 답장을 보낼까 망설이다가 영어로 된 계정 이름을 다시 확인해 보는데, 낯설지 않았다. 기억해 보니 청년부 수련회 때 후원금을 보냈던 분과 이름이 같았다. 그래서 고마운 마음에 메시지를 주고받게 되었고, 이분이 우리 교회에 나오게 되었다. 그리고 뜻밖에도 가슴 먹먹한 이야기를 듣게 되었다.

이분은 중국에 있는 한인 교회에서 오랫동안 신앙생활 하신 집사님이었다. 한국으로 따지면 대형 교회에 속하였고, 당회 장로님 같은 중직도 맡고 있었다. 이 교회는 한국에 있는 대형 교회에서 담당 목사님을 파견하였고, 두 분의 전도사님도 있었다. 하지만 교회 성도의 대부분이 유학생으로 구성되어 있고, 교회의 임대료마저 비싸 재정적인 어려움을 벗어나지 못하고 있었다. 그 때문에 세 명의 교역자 사례비를 드리기도 힘든 형편이었다. 그런데 부족한 재정을 대형 교회의 중국 본부에서 부담해 주고 있었다. 고마운 일이었다. 그러나 한편으로는 언제라도 본부에서 문을 닫으라고 하면 닫아야 하는 형편이었다.

그러던 어느 날, 중국에서 한인 교회를 핍박하는 일이 있었다. 이전부터 핍박하는 일이 종종 있었지만, 이번에는 달랐다. 주변에 선교사님들이 운영하던 가정 교회들이 모두 폐쇄당했고, 선교사님들이 강제 추방당했다. 이윽고 집사님이 다니던 한인 교회에도 일정 기간 안에 교회를 폐쇄하라는 명령이 내려왔다. 그러자 대형 교회 본부에서 목사님을 파견하였고 긴급회의가 열리게 되었다. 집사님은 다른 중직자와 함께 그 일을 논의했다. 중국 정부의 정책이 바뀌었고, 선교사님들이 추방당하고 있는 상황에서 더 이상 버틸 방법이 없다는 데 합의하게 되었다. 설령 폐쇄하지 않는다고 해도 본부의 도움 없이는 교회를 이끌고 갈 수 없었기 때문이었다. 결국 교회 문을 닫는 것이 주님 뜻이라 생각하고 문을 닫게 되었다. 교역자들은 다 떠나고, 집사님은 남아 있는 일부 성도들과 조선족 교회에 출석하면서 힘든 시간을 보내고 있었다. 그런데 얼마 후 공안이 찾아왔다. 그러면서 물었다.

"당신들 교회가 어디 갔습니까?"

"무슨 말이오. 공안 당신들이 교회 문을 닫으라고 하지 않았습니까? 그래서 닫았습니다."

"아니 조금만 버티면 옛날처럼 해도 되는데, 잘 알면서 왜 문을 닫았습니까?"

이 말을 듣는데 집사님은 큰 충격을 받게 되었다.

'내가 무슨 짓을 한 거지? 교회 문을 닫는 것이 하나님 뜻인 줄 알았는데 내가 잘못된 결정을 내렸구나. 그릇이 안 되는 사람이 잘

못된 결정을 했구나….'

집사님은 밀려오는 자괴감으로 힘들었다. 한국으로 돌아온 후로도 2년간 괴로운 마음을 떨쳐 버릴 수가 없었다. 집 주변에 있는 교회를 나가긴 했지만, 한 교회에 마음을 정하고 정상적인 신앙생활을 하기가 어려웠다. 자신의 잘못된 판단으로 교회 문을 닫게 했다는 생각에 주님께 부끄럽고 성도들에게 미안하여 정상적인 신앙생활을 한다는 것 자체가 죄스러웠다. 그러다 코로나19 사태까지 생기게 되자 집사님은 가나안 성도가 되어 온라인으로 설교를 듣거나 가까운 대형 교회에 이따금 출석하며 지내게 되었다.

그러던 어느 날이었다. 인스타그램을 열었는데, 우리 교회에서 건빵 전도하는 사진이 집사님의 계정에 보였다. '이런 방식의 전도 방법도 있구나…' 하면서 스쳐 지나갔다. 그런데 그 후로도 몇 번씩 일정 기간이 되면 건빵 전도 사진이 보였다. '길거리 전도를 한다고 해서 전도가 되는 것도 아닐 텐데 이분들이 아주 묵묵하게 감당하시는구나'라고 생각했다. 그러면서 불현듯 이런 마음이 들었다.

'나도 저렇게 교회를 묵묵하게 이끌고 갔어야 하는데…. 공안이 와서 협박을 해도, 재정이 좀 어려워도 주님만 믿고 끝까지 교회

를 지켰어야 하는데….'

그러면서 건빵 전도로 묵묵히 사역을 감당하는 한빛교회 성도들과 함께하고 싶은 마음이 들었다. 하지만 과거의 상처가 있다 보니 교회를 섣부르게 결정하고 싶지 않았다. 하나님의 인도하심을 받고 싶었다. 그래서 하나님이 사인을 주실 때까지 기다려 보기로 했다. 어떤 식으로든 한빛교회와 연결이 되는 게 있다면 주님이 주시는 사인으로 알겠다고 기도하였다. 그런데 며칠 후, 내가 인스타그램에서 집사님에게 팔로우 신청을 하게 되었고, 나의 답장을 받게 된 것이었다.

집사님은 이 이야기를 하는 동안 때때로 눈물을 글썽이셨다. 교회를 문 닫게 한 죄인이라는 죄책감 때문에 지난 5년 가까이 힘들었을 집사님의 마음이 고스란히 느껴졌다. 앞으로는 더 겸손해지고, 다시는 같은 실수를 저지르지 않겠노라고 집사님은 다짐하셨다. 그래서인지 집사님은 과거 장로 직분까지 받았지만 겸손한 마음으로 새 신자 교육을 자원하여 받으셨다.

한편, 내 입장에서는 중직까지 하셨던 분을 교회 일원으로 받아도 되나 고민할 때 주님이 주신 사인이 있었다. 집사님이 오기 3주 전에 꿈을 통해 집사님의 모습을 미리 보여 주셨다. 꿈속에서는 내가 아들로 입양했다고 했다. 비록 내가 집사님보다 연소하지만, 영적 자녀로 주님께서 입양하게 하신 모습이 아닐까? 이처럼 주님은 건빵 전도를 통해 보이지 않는 곳에서 일하고 계셨다. 그리고 상처받고 아파하는 한 영혼을 교회로 보내 주셨다.

60
건빵이 교회 로고에 쏙!

교회 개척 후, 얼마 전까지도 우리 교회 로고는 내가 직접 만들어서 사용해 왔다. 다른 교회처럼 예쁜 로고를 제작하고 싶어서 알아보았는데 디자인 비용이 만만치 않았기 때문이다. 개척 교회 형편에 로고 제작비로 많은 돈을 사용하는 게 부담스러웠다. 그래서 아쉬운 대로 무료 디자인 홈페이지에 들어가서 내가 직접 제작한 교회 로고를 계속 사용해 왔다.

가을에 K 찬양사역자가 우리 교회에 방문했다. 대화하다가 사역자님이 인도하는 찬양 집회 포스터 이야기를 하게 되었다. 실력 있는 좋은 디자이너가 만들어 준 것이라고 했다. 나는 그분에게 비용을 조금 드릴 테니 교회 로고를 제작해 주면 좋겠다고 말했다. 사역자님은 도움을 줄 수 있을 거라면서 헤어졌다. 시간이 지나서 사역자님이 인도하는 집회에 갔다. 집회를 마치고 사역자님과 이야기 나누고 있는데, 한 청년 형제가 왔다. A 디자이너 회사 대표라고 했다. 아직 앳되어 보이는데 회사 대표라고 하니 조금 놀랐다.

"반가워요. 저번에 사역자님에게 이야기 들었는데, 혹시 교회 로고나 주보도 만들어 줄 수 있나요?"
"네, 목사님. 일반 기업 디자인을 전문으로 하고 있지만, 하나님이 만나게 하신 교회를 기쁜 마음으로 섬기고 있습니다."

그리고 나를 안다고 했다. 내가 이곳 집회에서 강사로 설교한 적이 있는데, 그 당시 집회에 와서 설교도 들었고 간증 방송도 찾아서 보고 은혜를 많이 받았다고 했다. 나는 비용을 조금 드릴 테니 교회 로고와 주보를 만들어 주면 좋겠다고 부탁했다. 하지만 하나님이 주신 달란트로 교회를 섬길 수 있는 게 기쁨이라면서 그냥 섬기고 싶다고 했다. 대화해 보니 정말 신실한 청년 사업가였다.

시간이 지나서 로고 제작을 위해 대표님이 교회로 방문했다. 교회 로고는 그냥 만들어지는 게 아니었다. 나의 목회 방향과 비전을 공유하면서 그 가운데 주님이 주시는 아이디어로 로고를 제작하는 과정이 필요했다. 교회 이야기를 하다가 대표님이 만난 하나님의 이야기도 듣게 되었는데, 서로 은혜가 되어서 시간 가는 줄 모르고 대화를 나눴다. 주님을 향한 마음이 순수하고 뜨거웠다. 직원으로 함께 하는 디자이너가 여럿인데 매주 회사에서 예배도 드린다고 했다. 이렇게 열정 있는 청년 대표의 손을 거쳐서 교회 로고를 만들 수 있게 되어서 감사했다.

시간이 지나서 교회 로고가 나왔다. 각 상징에 대한 설명을 듣는데 울컥했다. 특히 건빵이 로고에 쏙 들어가 있었기 때문이다. 다른 사람은 몰라도 나는 바로 건빵임을 알아볼 수 있었다. 십자가 주위에서 퍼져 나가는 네 개의 네모가 바로 예수 그리스도의 생명의 빛이 건빵 전도를 통해 비취는 것을 표현한 것이라고 했다. 십자가 아래에 있는 두 개의 벽돌은 모퉁이 돌인 예수님과 함께 교회를 세워 가는 성도들이라고 했다. 함께 전도하며 교회를 아름답게 세워 가는 우리 한빛교회의 모습에 적절한 표현이었다. 아무튼 교회 로고에 대한 설명을 듣는데 뭉클했다. 이외에도 교회 로고를 넣은 주보와 나의 명함도 함께 제작해 주었다. 이 모든 것을 어떤 비용도 받지 않고 하나님 나라 사역에 동참하는 마음으로 기쁘게 섬겨 주었다. 정말 감사했다. 새로 만든 교회 로고처럼 건빵 전도를 통해 빛 되신 예수님을 전하며 다음 세대를 세워 가는 교회가 되리라 믿는다.

한빛교회의 정신과 건빵전도의 히스토리를 추상적으로 표현함으로
노란색 그래픽은 한빛교회의 성도와 기둥, 그리고 모퉁이돌 되신 예수 그리스도를 표현하였으며
한빛교회의 뜻을 따라 십자가 주위에 우리의 삶을 비추는 주님의 빛이 한빛교회는 건빵전도를 통해
세상에 빛과 소금의 역할을 해 나간다는 선교적 사명을 로고에 담았습니다.

61
전도 응원곡 '한빛'

교회 개척 후 처음으로 전교인 여름 수련회를 갔다. 전 교인이라고 해 봐야 10명 남짓이었지만 내게는 한 명 한 명이 참으로 소중했다. 교인 모두 하나님의 말씀으로 치유되고 회복되어 하나 되는 사랑의 공동체가 되기를 바랐다. 승합차를 빌려서 인천에 있는 을왕리 해수욕장으로 갔다. 1박 2일간 예배와 휴식을 통해 은혜로운 시간을 가졌다. 모든 행사를 마치고 집에 도착했는데 문자가 왔다. 우형동 작곡가님이었다. 한빛교회 노래를 만들었다면서 가사와 직접 부른 노래 파일을 보내왔다. 갑자기 이게 무슨 일인지 어리둥절했다.

작곡가님은 봄에 내가 홍대 청년 집회 강사로 갔을 때, 알게 된 분이었다. 집회 후, 설교에 은혜를 많이 받았다면서 찾아왔다. 그리고 최근 자신이 만든 노래와도 잘 어울린다면서 한번 들어봐 주었으면 좋겠다고 했다. 집에 돌아와 그 노래를 들어 봤는데 정말 나의 간증과 잘 어울리는 은혜로운 곡이었다. 그 일이 계기가 되어 그분과 페이스북 친구로 지내게 되었다. 작곡가님은 내가 올리던 건빵 전도 이야기를 보았고, 응원해 주었다. 여름이 되어 그분이 가족과 여름휴가를 갔다. 아이와 수영장에서 시간을 보내고 있는데, 갑자기 내 생각이 났다.

'목사님에게 뭔가 선물해 드리고 싶은데…. 그래! 전도하실 때 힘내시라고 노래를 만들어 드리자.'

시끄러운 수영장 안에서 은혜로운 발라드풍의 CCM 노래가 떠올랐고, 그것을 잊지 않고자 직접 부르며 녹음해 두었다. 그 곡이 바로 우리 교회 이름으로 만든 '한빛'이었다. 이렇게 만들어진 한빛 노래를 수련회 다녀온 날 받게 된 것이었다. 나는 크게 감동했다. 보내 준 가사와 곡도 은혜롭고 마음에 들었다. 협동 목사님의 아내이신 사모님에게 노래 연습을 부탁드렸다. 사모님은 과거에 CCM 앨범을 낸 적이 있는 찬양사역자이기도 했기 때문이다. 그리고 며칠 후, 이 사연을 페이스북에 악보와 함께 올렸다. 페북 친구 중에 한 분이 노래를 연주해 줄 악기 팀이 있냐고 물어보았다. 없다고 했더니, 얼마 지나지 않아서 한빛을 피아노 치며 노래한 영상을 보내왔다. 감동스러웠다. 그런데 이제는 정식으로 악기 연주자를 구성하여 한빛 노래 MR을 만들어 보겠다고 했다. 정말 감사했다. 얼굴도 본 적 없는 분이 한빛 노래에 관심 가져 주고, MR까지 만들어 주겠다니 말이다.

페이스북 친구분의 이야기를 교인들과 나눴다. 그랬더니 사모님이 친구 중에 다수의 CCM 앨범에서 피아노를 친 연주자가 있다면서 그 친구에게 한빛 연주를 부탁했다고 했다. 또한 음원 제작을 해 줄 수 있는 지인 목사님도 있다고 했다. 생각지도 못한 말에 깜짝 놀랐다. 이렇게 해서 교회 사모님과 페북 친구 집사님을 통해 한빛 앨범이 두 개나 만들어지게 되었다. 나와 교인들은 생각도 해 보지 못했던 CCM 앨범 제작에 동참하게 되었다. 모여서 함께 연습하고 녹음했다. 사모님이 피처링하고 나를 포함한 전 교인이 합창했다. 특별히 아들이 자신이 전공한 베이스 기타로 연주도 하고 코러스로 노래도 불렀는데 눈물이 흘렀다. 교회 개척 후 나도 힘들었지만, 아들과 딸이 낯선 서울에 와서 힘든 시간을 보냈기 때문이다. 지나간 시간이 주마등처럼 스쳐 갔다. 이 자리까지 함께해 준 아들과 한빛 교회 식구들이 고마웠다. 그렇게 우리는 한빛 노래를 발매하게 되었다. 음원 사이트에서 검색하면 우리 한빛 노래가 나온다. 유명한 가수도 아닌데, 우리 한빛 노래가 각종 음원 사이트에서 검색도 되고 다운로드도 된다니 정말 신기했다.

한편, 페북 집사님은 평소 작은 교회와 목회자들에게 관심을 많이 가지고 있었다. 긍휼의 은사가 풍부하여 자신이 불편해지더라도 나눠 주고 섬기는 것을 사명으로 생각하며 살았다. 그래서 평소 개척 교회 목사로 열심히 전도하며 목회하는 나를 보며 뭔가 섬겨 주고 싶은 마음을 계속 품고 있었다. 그래서 악기를 잘 연주하는 청년들을 모았고, MR과 AR까지 녹음하게 되었다. 악기를 연주한 청년 중에는 평생 음악 앨범에 참여하는 게 꿈이었다면서 기뻐했다고 한다. 집사님이 만든 앨범은 우리 한빛 앨범을 발매한 후 이틀이 지나서 발매하였다. 우형동 작곡가님은 자신이 선물한 노래가 두 개의 음원 발매로 이어져 많이 불리는 것에 감격했다. 무명의 작곡가로서 오히려 더 큰 선물을 받았다면서 하나님께 감사드렸다. 건빵 전도할 때마다 힘나기를 바란다며 응원의 선물로 보내 준 '한빛'은 이렇게 여러 사람에게 기쁨을 주고, 꿈을 이루어 주는 통로가 되었다.

한빛

작사.곡 우형동
노래 한빛교회 (한미연목사)

F C7 A7 Dm7 B♭ F/A
보 이 지않는 - 어두 운 내 - 삶에 내 작 은 한 걸음을 -

4 Gm C7 B♭ C Am Dm
비 추시 - 는 주 작 은 소 망의 - 그 한 빛 따 라 오늘

도 진 리 -의 복 음전 - 하 는 - - 그 곳으로 -날 인 도 하네 - -
한 빛 - 그 빛 은 소 망의 - 빛 - 한 빛 - 그
빛 은 생 명의 - 빛 오늘 도 나 와함 - 께 하 - 시 고 - 영원히
지 지 -않 는 그 빛 -따 라 - 이 걸 음 걸 어 내 리 라 작
은 소 망의 - 그 한 빛 따 라 오늘 도 진 리 - 의 복 음전 - 하 는
- 그 곳 으 로 -날 인 도 하 네 -
D.S. al Coda
라 한 빛 - 그 빛 은 소 망의 - 빛 - 한 빛 - 그
빛 은 생 명의 - 빛 오 늘 도 나 와함 - 께 하 - 시 고 - 영원히
지 지 -않 -는 그 빛 - 따 라 - 이 걸 음 걸 어 내 리
라 영원히 지 지 - 않 는 그 빛 - 따 라 - 이
걸 음 걸 어 내 리 라 이 걸 음 걸 어 내 리
라 이 걸 음 걸 어 내 리 라
rit.

62
전도 이야기가 책으로

나는 골방 기도를 좋아한다. 교회가 아파트 상가에 있다 보니 기도 소리가 교회 옆 상가에 들리는 것 같아서 마음 놓고 기도하기가 어려웠다. 그래서 집에서 혼자 기도한다. 3월 초 등굣길 전도를 다녀와서 오전에 기도하고 있을 때였다. 기도가 끝나갈 즈음 아는 목사님께 전화가 왔다. 늘 바쁘신 분이셔서 전화를 받아야 할 것 같았다. 기도를 얼른 마무리하고 전화를 받았다.

"할렐루야, 목사님!"

"네 목사님, 요즘 글을 쓰고 계시는데 출판사와 연결이 되었나요?"

"아니요, 그냥 (SNS에) 쓰고만 있습니다."

목사님은 내게 책을 쓸 의향이 있는지 물어보았다. 머리가 멍했다. 사실 몇 개월 전부터 하나님이 책을 쓰라는 마음을 주셔서 기도하고 있었다. 하지만 어떻게 해야 할지 몰랐다. 알아본 바로는 출판사의 도움이 없으면 책을 출간하기도 힘들고 비용이 많이 든다는 이야기를 들었기 때문이다. 엄두가 나지 않아 혹시 책을 출간해 주겠다는 출판사를 만나면 하나님 뜻으로 알고 책을 쓰겠다고 기도하고 있었다. 이날도 같은 기도를 했고, '몇 개월이 지나도록 소식이 없어 그만 포기해야 하나?' 하고 생각하고 있었다. 그런데 내 마음을 알기라도 한 것처럼 목사님이 전화를 준 것이다. 잠시 망설이다가 하겠다고 했다. 나중에 알고 보니, 나와 페이스북 친구이기도 했던 세움북스 출판사 대표님이 내 페이스북에 올리던 짧은 간증과 전도 이야기에 관심을 가지게 되었다고 한다. 그래서 다른 목사님을 통해 나에 대해 알아보던 중 내게 전화를 준 목사님이 적극 추천해 준 것이었다.

목사님의 도움으로 출판사와 연결이 되었고 출판 계약을 하기 전에 인터뷰 시간을 가졌다. 대표님과 직원 두 분이 반갑게 맞아 주었다. 책을 써 본 일이 없는 초보라 무얼 어떻게 해야 할지 잘 몰랐다. 세 분이 나에게 이런저런 질문을 했다. 나는 지나온 세월 속에 함께 하신 하나님 이야기와 건빵 전도 이야기를 했다. 그러다 보니 어느덧 시간이 훌쩍 지나갔다. 이야기를 쭉 들은 대표님이 간증과 전도 이야기를 각각 책으로 내면 좋겠다고 했다. 깜짝 놀랐다. 한 번도 책을 출간해 본 적이 없는 나에게 한 권도 아니고 두 권이라니! 내가 지불해야 할 비용도 없었다. 홍보를 비롯하여 출판사에서 모든 비용을 지불하니 나는 그저 책만 잘 쓰면 되었다. 놀랍고 감사했다.

봄에 계약서를 작성하고 책을 쓰기 시작했다. 우선 간증집을 먼저 쓰기로 했다. 전도 이야기는 아직 책으로 쓰기에는 부족하다 느꼈다. 적어도 100회 이상 등굣길 전도를 나간 다음 쓰고 싶었다. 등굣길 전도를 성실하게 했을 때, 하나님이 어떻게 역사하시는지 나도 몹시 궁금하고 기대되었기 때문이다. 그래서 100회를 마친 후 책으로 내고 싶다고 했다. 나의 소망대로 하나님은 참으로 많은 일을 하셨다. 100회의 전도를 다 마치고, 내 생애 첫 책 《버터 줘서 고마워》를 먼저 출간하게 되었다. 책에는 전도 곡이기도 한 〈한빛〉 노래 악보도 실렸다. 정말 감격스러웠다. 책을 쓰다가 몸에 무리가 와서 출간하지 못할 것 같아 불안한 적도 있었다. 하지만 하나님의 은혜로 새해가 되기 전에 책을 낼 수 있었다. 책에는 건빵 전도

에 관한 이야기도 조금 나온다. 지금 독자가 읽고 있는 이 책은 간증집의 속편이 될 것이다. 이렇게 전도는 나의 비전을 이루어 주는 소중한 통로가 되었다.

63
등굣길 전도 100회 이벤트

100회차 드디어 등굣길 전도가 100회를 맞이했다. 이날을 얼마나 기다렸던가! 시작이 반이라고 일주일만 해 보자던 등굣길 전도였는데, 어느덧 1년을 넘어 100회를 하게 되었다. 그동안 하나님이 하신 일들을 떠올려 보았다. 은혜와 감동이었다. 하지만 한 가지 아쉬운 것도 있었다. 건빵 전도에 대한 학생들의 생각을 좀 더 들어 봤으면 하는 것이었다. 90회차가 넘어가던 어느 날, 기도하고 있는데 문득 '리뷰'라는 말이 떠올랐다. 요즘은 어디를 가든 무엇을 하든 별점과 리뷰, 즉 후기를 확인하곤 한다. 물건을 살 때, 음식점을 방문하거나 배달시킬 때도 먼저 후기를 읽는다. 그만큼 후기가 익숙한 시대이기도 하다. 등굣길 건빵 전도에 대한 후기를 받아보면 어떨까? 하는 생각이 들었다.

기도를 마치고 "등굣길 응원 건빵 후기 이벤트"를 알리는 카드를 만들었다. 카드에는 전도라는 말 대신에 '응원'이라는 말을 사용했다. 전도라고 하면 교회에 다니지 않는 학생들에게 거부감을 줄 수 있기 때문이다. 우리가 하는 전도는 청소년 응원 봉사의 의미도 있기에 틀린 말이 아니었다. 요즘 청소년은 인스타그램을 많이 한다. 그래서 등굣길에 받은 건빵의 사진과 후기를 보내 주는 학생에게 문화상품권을 주겠다는 내용도 넣었다. '사춘기 청소년 아이들이 과연 후기를 보내 줄까?' 반신반의하면서 열심히 홍보하기 시작했다.

그런데 홍보를 처음 하던 날, 장문의 DM이 왔다. 처음으로 보내온 학생의 메시지를 읽으면서 흥분이 되었다. 불신자 학생으로 보이는데 출출함을 달래 주는 건빵에 대한 고마운 마음이 담겨 있었다. 전도 카드로 인해 마음이 따뜻해진 경험도 적혀 있었다. 학생들이 어떤 마음으로 건빵을 받았는지 그 온기가 느껴지니 힘이 나고 좋았다. 그 후로 일주일간 더 많은 후기 DM이 오기를 기다렸다. 하지만 생각만큼 많이 오지는 않았다. 상품을 준다고 해도 사춘기라 그런지 역시 많이 부끄러운 모양이었다. 사진만 보내온 스토리를 제외하고 총 3통의 DM을 받게 되었다. 모두 고등학생으로 두 명은 교회에 다니는 학생이었고, 한 명은 다니지 않았다. 하지만 이 세 통의 DM은 우리가 하는 등굣길 건빵 전도를 통해 하나님이 일하고 계시며, 학생들에게 선한 영향력을 끼치고 있다는 사실을 다시금 확인시켜 주었다.

제5장 등굣길 건빵 전도 후기

64
학생 DM

학생 후기 1. hn**** ★★★★★

(후기 이벤트 기간에 DM으로 받은 후기입니다.)

사랑의 온기를 느끼게 해 주는 건빵!

안녕하세요!

매일 이른 아침마다 교문 앞에서 웃으며

건빵 나눠 주시느라 수고 많으십니다.^^

오늘에서야 처음으로 건빵을 받으며

나눠 주시는 분께 감사하다는 말씀을 전해서

스스로 뿌듯했는데

후기를 보내 달라는 종이를 보고

이렇게 메시지 남기게 되었어요.

바쁜 학업이나 이른 등교 시간 탓에

아침을 거르는 경우가 잦았는데

한빛교회에서 베풀어 주신 건빵 덕에

굶지 않고 허기가 적당히 채워진 채로

수업에 더 열심히 집중할 수 있었어요.

건빵과 함께 집혀 있는

늘 제게 위로가 되어 주는 한 줄의 명언 같은 것도

정말 좋았습니다.

글을 확인하며 모으는 것도 재미있었고요.

특히 "너는 이 세상에서 빛 같은 존재야"라는

말이 마음을 울려서… ㅠㅠ

이른 아침마다 나눠 주시는 것도 피곤하실 텐데

학생들을 위한 마음이 정말 대단하신 것 같아요.

어쩌다가 이런 일을 계획하게 되신 건지 여쭙고 싶었는데

등교하기 바빠서 미처 묻지도 못한 채 나날을 보냈지만

후기를 통해 여쭤봐요.

오늘도 나눠 주신 온기와 건빵 덕분에

웃으며 학교생활을 할 수 있었습니다.

다시 한번 말씀드리지만 정말 감사하고
건빵 좋아하는 사람으로서 너무 너무 행복해요.♡
긴 글 읽어 주셔서 감사하고
오늘도 부디 빛나는 하루 보내시길 바랍니다!

학생 후기 2. Y*** ★★★★★

(후기 이벤트 기간에 DM으로 받은 후기입니다.)

아침마다 기분이 좋아요.

안녕하세요!!
ㅇㅇ고등학교 다니는 고3 학생입니다.ㅎㅎ
항상 좋은 말씀과 웃음으로 건빵 나눠 주시는데
아침마다 기분 좋게 정문을 들어가게 돼서
고3 생활이 나쁘지 않은 것 같아요.ㅋㅋㅋ
아침을 못 먹고 갈 때가 많은데
덕분에 건빵으로 아침 해결!
든든하고 달달해서 당 충전도 되니

공부하기도 한결 수월하더라구요!

항상 받아먹기만 하고 인사만 드리고 가서

죄송스러운 생각이 드네요.

다음엔 90도 인사 드리겠습니다.^^

○○고등학교 학생들을 위해

아침마다 힘드시고 지치고 피곤하실 텐데

밝은 표정으로 맞아 주셔서 감사하고

항상 좋은 일만 일어나시길 바랍니다!!

오늘도 좋은 하루 보내세요.^^

아 맞다! 저도 교회 다니는데

수능 끝나면 한빛교회에

가족들이랑 방문할게요!!ㅎㅎ

학생 후기 3. on******* ★★★★★

(후기 이벤트 기간에 DM으로 받은 후기입니다.)

힘이 나는 말씀 카드!

안녕하세요 목사님 !

저는 ㅇㅇ고에 다니고 있는 학생입니다.

항상 건빵을 받아서 쉬는 시간에

야금야금 잘 먹고 있어요. 감사합니다.

하루는 건빵에 붙어있는 말씀 카드에

신명기 31장 8절의 말씀이 쓰여 있었는데

심적으로 힘든 일이 있어서

하루하루를 힘들게 살아가고 있었는데

그 말씀을 보고 많은 힘을 얻었어요.

감사하다는 말씀드리고 싶고

부끄러워서 익명으로 DM 보내요.

65
전도 참가자 후기

1. "움직이는 교회가 되겠습니다" **고재민 청년 (한국성서대학교 성서학과)**

한미연 목사님은 제가 초등학생이었을 때, 성광교회 어린이 찬양팀 선생님이셨습니다. 목사님이 교회를 떠나신 후, 제 기억에서 잊히게 될 즈음에 SNS를 통해 우연히 목사님의 계정을 발견하게 되었습니다. 목사님의 게시글을 통해서 학교 앞 등굣길 전도와 응원하는 모습을 보게 되었습니다. 날씨가 덥거나 춥거나 비가 오거나 어떤 상황이든 매주 학생들에게 응원의 메시지와 함께 건빵을 나눠 주는 모습, 학생들에게 복음을 전하기 위해 힘쓰시는 목사님의 모습을 보면서, 마음에 큰 감동과 도전을 받게 되었습니다. 마침 저에게 길거리 전도를 하고 싶은 마음이 있었고, 신학생으로서 앞으로 복음을 전하는 일꾼으로서 필요한 경험이라고 생각했습니다. 그래서 목사님께 용기를 내어 등굣길 전도에 함께 해 보고 싶다고 연락을 드렸습니다. 그 후 이른 시일 안에 전도 현장에 바로 합류하게 되었습니다.

막상 사진으로만 보던 전도 현장에 직접 가서 하려니까 설레는 마음과 동시에 학생들의 거부나 시선에 대한 두려움도 생겼습니다. 하지만 저의 걱정과 달리 현장에서 건빵을 나눠 주고 응원의 메시지를 외칠 때, 학생들이 흔쾌히 받아주고 감사를 표해 주며 좋아해 주는 모습을 보게 되었습니다. 대부분의 학생이 긍정적인 반응을 보이는지라 시간이 지날수록 더욱 용기를 내어 전도에 힘쓰게 되었고, 아울러 뿌듯함과 행복함이 가득한 상태로 전도할 수 있었습니다. 특별히 목사님이 전도 중에 해 주셨던 조언을 통해 길거리 전도 때 가졌던 마음이 기억에 남습니다. 응원과 함께 전달한 건빵과 말씀 카드를 통하여 한 영혼이라도 하나님께 오기를 바라는 소망을 가지고 참여했습니다. 학창 시절 등굣길에서 받은 전도의 작은 경험을 통하여 한 영혼이 하나님이라는 존재를 알게 되고, 교회로 나오게 되는 축복의 통로가 될 수 있다는 믿음이었습니다.

하나님은 복음을 들고 가는 현장 속에서 더욱 역사하고 계신 것 같습니다. 학생들의 시선과 평가가 두렵고 걱정되었던 제가 오히려 전도 받고 은혜와 행복과 소망으로 변화되었습니다. 하나님을 모르고 살아가는 영혼들을 향한 하나님의 근심과 애통, 하나님

나라를 더욱 소망하며, 전하고자 하는 복음의 사명을 다시 한번 깨닫게 해 주셨습니다. 한미연 목사님과 함께한 길거리 전도의 경험을 기억하며 지금 제가 속한 교회의 청년들과 주기적으로 매달 길거리 전도를 진행하고 있습니다. 학교 앞 길거리 전도 때 배우고 가졌던 마음을 기억하며, 땅끝까지 이르러 증인이 되리라 하신 주님의 말씀을 따라 복음을 전하는 귀한 일꾼으로 나아가려고 합니다. 복음 전파에 대한 열정과 현장을 경험하게 해 주신 하나님과 한미연 목사님께 감사드립니다. 앞으로 그 가르침에 따라 세상에서 주님의 움직이는 교회로서 하나님을 전하는 일에 쓰임받는 자로 계속해서 성장해 가겠습니다!

2. "부담감에서 담대함으로" 이요한 전도사 (한빛교회)

전도…. 전도라는 단어만 들어도 저는 거룩한 부담감과 함께 알게 모르게 위축이 되곤 했습니다. 저희 아버지는 시골에서 목회하다가 도시로 나오셔서 교회를 개척하셨습니다. 아버지는 교회를 부흥시키기 위해 전도에 열심을 내셨습니다. 당연히 학교 앞 전도도 빼놓을 수 없었습니다. 한 번은 전도하다가 집단 폭행을 당하고 있는 학생을 도와주셨습니다. 그 학생은 우리 교회 첫 성도가 되었습니다. 하지만 그 후로 좀처럼 성도가 늘지 않았습니다. 간혹 찾아오는 성도가 있었지만, 잠깐 예배만 드리고 갈 뿐이었습니다. 아버지는 전도에 더욱 박차를 가하셨습니다. 전도 관련 서적도 많이 사서 읽으셨고, 세미나도 많이 다니셨습니다. 솜사탕, 황토소금, 부침개, 수정과, 식혜, 티슈, 볼펜 등 안 해본 전도가 없었습니다. 전도 에피소드도 많았습니다. 특별히 기억나는 것은 길거리 전도입니다. 아버지가 전도지를 건네며 복음을 전하는데 한 행인이 받은 전도지를 아버지가 보는 앞에서 잘게 잘게 찢었습니다. 그러고는 찢어진 전도지를 얼굴에 던지며 "너나 잘 믿어라"라며 버럭 화를 냈습니다. 아버지는 설교 시간이나 식사 중에 이 이야기를 무용담처럼 하셨습니다.

저는 고등학생이 되어서야 하나님을 인격적으로 만나고 거듭날 수 있었습니다. 그때부터 하나님이 저를 사랑하신다는 것을 비로소 피부로 깨달을 수 있었습니다. 저는 저를 위해 물과 피를 다 흘리신 고귀한 예수 그리스도를 학급 친구들에게 전하고 싶었습니다. 하지만 제 마음속에는 두려움이 있었고, 복음을 전하여도 소심했고 담대하지 못했습니다. 그 후로는 미지근한 신앙생활을 해왔고, 큰 시험에 들어 하나님 품을 떠나버렸습니다. 그러나 하나님의 은혜로 수년이 지나서 다시 하나님께로 돌아오게 되었고, 신학교에 들어가게 되었습니다. 그리고 한빛교회가 저의 첫 사역지가 되었습니다. 새내기 교육전도사로서 뭐 하나 제대로 할 줄 아는 게 없었지만, 젊은 패기로 전도가 하고 싶다고 담임목사님께 말씀드렸습니다. 그랬더니 좋아하셨고, 목사님이 전도 나가실 때 동행하게 되었습니다. 처음 전도를 나갈 때는 걱정 반, 설렘 반이었습니다. 때로는 아버지의 전도 무용담처럼 내게도 해코지하지 않을까 내심 걱정이 들기도 했습니다. 하지만 다행히 그런 일은 없었습니다. 그런데 언제부턴가 담임목사님이 '다음 세대, 다음 세대' 하면서 노래를 부르기 시작하셨습니다. 그 뒤로 12년 전 친구들에게 복음을 전하지 못했던 제가 등굣길 학생들에게 복음을 전할 수 있게 되었습니다.

저는 이른 아침 일어나 피곤한 몸을 일으켜 계절에 맞는 옷을 입고 헝클어진 머리를 정돈합니다. 그리고 통통 부은 눈으로 주일에 작업한 전도 건빵을 들고 학교로 발걸음을 향했습니다. 바구니에 건빵을 담아 아이들에게 힘차게 "화이팅!" 하며 건빵을 건냈습니다. 어떤 아이는 묵묵하게, 어떤 아이는 깍듯이 감사 인사를 하며, 또 어떤 아이는 함께 "화이팅!" 하며 건빵을 받았습니다. 그러면 어느새 졸음은 달아나고 체온도 올라가니 몸에 생기가 돌았습니다. 등교하는 학생들을 보면 저절로 마음에 기도가 나왔습니다. "저 영혼들에게 하나님 나라의 복음이 전해지게 해 주세요!"

다음 세대는 시간도, 재정도, 노력도 다른 세대들보다 많은 것이 있어야 하는 세대입니다. 여러모로 리스크가 있는 세대이고, 열매 또한 더디게 맺어집니다. 슬프게도 거두지 못하는 경우도 참 많은 것 같습니다. 그럼에도 불구하고 우리는 아이들에게 복음을 전해야 합니다. 한국 교회의 미래를 위해, 그리고 하나님이 사랑하시는 대한민국을 위해 전해야 합니다. 어떠한 특별한 감동이 있어서 혹은 은혜가 있어서 아이들에게 복음을 전하는 것이 아니라, 이제는 예수님과 한마음, 한 뜻이 되어서 다음 세대를 모으고, 가르치고, 먹이고, 양육해야 합니다. 진실로 모든 교회가 다음 세대 복음화에 힘쓰기를 소망하고 기도합니다.

3. "작은 일에 충성하는 법" 이재휘 사모 (서울 신광교회)

저는 건빵 전도를 하면서, '요즘처럼 먹을 것이 풍성하고, 맛있는 과자도 많은 시대에 하나님의 말씀을 붙여 건빵을 주는 게 아이들에게 어떤 의미가 있을까? 이렇게 해 봐야 변화가 있을까?' 이런 회의적이고 부정적인 생각이 들 때도 솔직히 있었습니다. 하지만 하나님이 부족한 저를 한빛교회 한미연 목사님 및 교역자들과 함께 1년 가까운 시간 동안 정기적(일주일에 두 번)으로 건빵 전도를 할 수 있게 해 주셔서 너무 감사했습니다.

건빵 전도를 위해서 먼저 하나님께 아침 시간을 구별하여 드리니, 갱년기로 지치고 무거웠던 몸이 오히려 가벼워지고 건강하게 해 주시는 은혜를 느꼈습니다. 너무 감사합니다. 더욱 감사한 것은 다음 세대를 향하여 기도와 관심을 가지게 된 것이었습니다.

하나님이 저의 삶 속에 많은 변화와 은혜를 부어 주셨습니다. 건빵을 주면 받지 않고 그냥 지나치는 아이도 있고, 시선도 주지 않는 아이들도 있었습니다. 하지만 건빵 전도를 할 때마다 한결같은 마음을 주셔서 즐겁게 전도를 이어갈 수 있었습니다. 건빵과 함께 전해지는 하나님의 말씀 카드가 학생들이 학업 가운데 겪은 어려움, 가정 안에서 있는 어려움에서도 변화와 회복이 일어나기를 간절히 기도하는 마음으로 전도했습니다.

한 번은 딸아이에게 어려운 일이 있었습니다. 친구들 간의 문제로 마음고생을 겪고 있는 아이를 보며, 기도 외에 도울 것이 없음을 느끼고 간절히 기도하던 중 아이에게 참 감사한 고백을 들었습니다. 딸아이가 등교하다가 건빵 전도를 나온 목사님에게 전도 카드를 받았습니다. 그날 받은 전도 카드에는 "여호와 그가 네 앞에서 가시며 너와 함께 하사 너를 떠나지 아니하시며 버리지 아니하시리니 너는 두려워하지 말라 놀라지 말라"라는 신명기 31장 8절 말씀이 있었습니다. 딸아이는 이 말씀으로 인해 힘들었던 상황 가운데 큰 위로를 받았다고 말했습니다. 슬픔 가운데 하나님이 나를 지켜주고 친구들과의 관계에서도 평안을 주실 것이라는 믿음이 생겼다고 말했습니다. 이 말을 들었을 때 얼마나 감사하고 감사했는지 모릅니다. 다른 학생들의 사정은 잘 모르지만, 우리 하나님은 여전히 살아계시고 역사하시어 하나님의 자녀들을 인도하십니다. 나중에 딸아이의 문제가 완전히 해결되었고, 저는 더욱 확신을 가지고 기쁨으로 건빵 전도에 임했습니다. 저는 모르지만, 누군가 곤궁에 처한 이들에게 하나님은 말씀을 보내시어 위로하시고 인도하실 것입니다. 하나님의 심고 거두는 법칙은 여전하다고 믿습니다. 건빵 전도로 먼저 그 나라와 그 의를 구할 때 나머지 필요를 채우시고 인도하심을 또 한번 체험하며 단단해지는 믿음을 감사드립니다.

하나님은 여전히 역사하시며 우리를 통하여 복음이 증거되기를 원하십니다. 저는 건빵 전도를 통하여 자신에게 주어진 작은 일에 충성하는 법을 깨닫게 되었습니다. 다음 세대를 향한 하나님의 관심과 사랑을 가지고 기도하며 실천해야 함을 배우게 되었습니다. 이 글을 보는 분들도 자신의 주변에 하나님이 명령하신 작은 일들에 기쁘게 반응하며 감사하는 삶을 살아가길 바랍니다. 서로가 하나님의 일을 행하며 나갈 때, 하나님은 늘 역사하시며 우리와 함께하십니다. 오늘도 감사와 기쁨을 가지고, 주님께서 주신 삶 속에서 말씀을 증거하는 모두가 되기를 기도합니다.

4. "거절감보다 더 큰 기쁨" 김동환 목사 (한빛교회)

"요즘 전도한다고 누가 오냐?" 제가 전도에 관해 제일 많이 들어 본 말입니다. 그래서인지 요즘은 교회들이 전도를 잘 하지 않습니다. 아니 안 한다기보다는 불특정 다수를 대상으로 하는 거리 전도를 잘 하지 않습니다. 하더라도 일시적으로, 교회 행사 차원에서 특정한 기간 집중적으로 하는 경우가 대부분입니다. 그러다 보니 전도는 관계 전도라는 한정적인 차원에서만 하게 됩니다. 또 교회나 학교(신학교 등)에서도 관계 전도가 대세라는 말들을 가르칩니다. 문제는 그 관계 전도조차도 잘 안 한다는 것입니다. 그래서인지 지금의 20대 청년들은 대부분 복음을 들어 보지 못합니다. 가장 놀랐던 것은 작년 부활주일에 예배를 마치고 (그때는 다른 교회에서 예배를 드리고 있을 때입니다.) 총동원 전도를 하고 있는데, 40대 이상 세대들에 비해서 20대 청년들이 복음 듣는 것에 대해 아주 배타적이었다는 것입니다. 40대 이상 세대들은 그래도 한 번씩은 길에서 복음 전하는 것을 접해 본 세대들이고, 20대 청년들은 길에서 복음을 전하는 것을 거의, 혹은 전혀 들어 보지 못한 세대들입니다. 관계 전도가 대세라고 하는 말이 청소년, 청년들에게 복음을 들어 볼 기회를 빼앗아 간 것입니다.

예전에 제가 개척 목회를 하면서 전도할 때, 혼자서 하게 되면 그것만큼 힘든 일이 없었습니다. 영적으로 심적으로 육체적으로 지치는 일이었습니다. 그래서 혼자서 꾸준히 전도한다는 것은 내 힘으로 하는 것이 아닙니다. 우리 담임목사님의 건빵 전도는 제가 한빛교회로 오게 된 여러 가지 이유 중 하나였습니다. 이러한 시대적 상황에서 다음 세대에게 복음의 메시지를 들려주고자 하는 하나님의 마음에 순종하여 등·하굣길 건빵 전도를 하는 목사님의 모습에 큰 감명을 받았습니다.

그래서 저도 한빛교회에 출석하면서 즉각적으로 건빵 전도에 합류했습니다. 처음에는 조금 걱정이 되었습니다. 장년들과 초등학생들을 대상으로 하는 전도는 많이 해봤지만, 청소년 특히, 고등학생을 대상으로 하는 전도는 거의 해 보지 못했기 때문입니다. 나의 걱정이 무색하게도 아이들은 건빵과 응원하는 성경 말씀이 담긴 전도 카드를 잘 받았습니다. 그리고 가끔은 고맙다고 인사를 하는 아이들도 있었습니다. 학생들이 어둡고 표정 없는 얼굴로 오다가 건빵과 전도 카드를 받고 나서 환하게 웃으면서 인사를 해 줄 때는 저도 모르게 얼굴에 웃음꽃이 피었습니다. 몸이 아프고 피곤해도 아이들의 그 얼굴을 생각하면, 그 자리로 향하게 하는 힘이 솟았습니다.

목사님은 이 사역을 혼자서 시작하셨다고 했습니다. 그러다가 하나님이 한 사람 두 사람 같이하는 동역자들을 붙여 주셨다고 했습니다. 제가 합류했을 무렵에는 목사님의 든든한 동역자가 저를 포함하여 세 사람이나 되었습니다. 그리고 가끔 목사님의 전도 행보를 알고 합류하는 분들이 있었습니다. 목사님의 제자였던 청년도 먼 길을 와서 함께 등굣길 전도를 했었고, 전도사님과 함께 예배를 섬기던 청년 전도사님도 있었습니다. 그 외에도 여러 명이 있었습니다. 그리고 제가 아는 제법 큰 교회를 섬기는 장로님은 우리 교회의 건빵 전도에 감명받아 주일에 모든 일정을 마치면 혼자 교회 근처에서 전도를 시작하셨습니다. 우리 교회의 노래인 '한빛'도 목사님의 건빵 전도에 감명받은 우형동 작곡가님이 전도에 소극적으로라도 참여하고자 전도 출정가의 개념으로 지어서 주신 것이라고 했습니다. 이렇듯 여러 선한 영향력을 주고 있었습니다.

전도는 예수님의 명령이자 하나님이 믿는 자들을 구원하시는, 미련하지만 기뻐하시는 방법입니다. 전도는 영혼을 사랑하는 마음 없이는 하지 못합니다. 한 영혼이 천하보다 귀하다고 말하면서 전도에 경제 논리를 적용하면 안 될 것입니다. 건빵과 응원하는 성경 말씀이 담긴 전도 카드를 받은 학생이 건빵에서 따뜻한 사랑을 느끼고, 성경 말씀에서 위로받아 언젠가 하나님의 때에 주님의 곁으로 올 것이라는 믿음을 가지고 전도하는 것입니다. 전도는 영적 전쟁이므로 거부하는 사람들이 있습니다. 그 거절은 상심을 줍니다. 하지만 전도는 상심만 주지 않고 이보다 더 큰 기쁨과 힘을 줍니다. 그래서 우리 한빛교회는 오늘도 등 · 하굣길 전도를 하는 것입니다. 듣든지 아니 듣든지 때를 얻든지 못 얻든지 우리는 전하는 것입니다.

에필로그

출판사 대표님이 전도 이야기를 책으로 내보자고 했을 때, 조심스러웠다. 특별한 내용도 아닌 그저 평범한 전도 이야기인데 '과연 쓸 내용이 얼마나 있을까?' 하는 생각에서였다. 그리고 다음 세대를 위해 장기간 열심히 사역하며 전도하는 훌륭한 목사님들도 있는데, 그분들 보기에 민망한 마음도 있었다. 하지만 대표님과 직원분들의 격려에 힘입어 한번 써 보기로 했다. 그 후로 나는 더욱 주님께 기도했다. 이 책이 하나님 뜻이라면 책에 쓸 내용도 주님이 마련해 달라고 말이다. 그 사이에 나의 첫 번째 책이자 간증집인 《버텨 줘서 고마워》가 출간됐다. 이 책을 쓸 때 하나님의 인도하심을 많이 받았다. 그래서인지 두 번째 책도 하나님이 큰 은혜를 주실 것 같은 믿음이 생겼다.

그렇게 첫 번째 책을 퇴고한 후, 바로 전도 일기를 쓰기 시작했다. 그동안 SNS에 올려 두었던 글들을 모으고 목차를 정리하기 시작했다. 그러면서 놀라게 되었다. 1년 남짓 하나님이 베푸신 은혜가 이렇게 많았던가! 그저 일상으로 여기며 지나가던 일들이 소소하지만, 은혜의 간증이 되는 것을 보면서 놀라게 되었다. 등굣길 건빵 전도를 시작하면서 내 안에 있던 걱정과 두려움은 점점 사라지고, 그 대신 감사와 행복으로 변화되어 가고 있었다. 그렇다고 전도한 청소년들이 와서 교회가 크게 부흥한 것도 아니었다. 처음 시작할 때처럼 교회 안에 청소년이라고는 여전히 우리 딸밖에 없었다. 하지만 든든한 청년 형제들이 한 명, 두 명 와서 함께 예배하게 되었고, 최근에는 건빵 전도에 은혜 받은 가나안 성도님 한 분이 오셔서 등록 교인이 되었다. 그 외에도 건빵 전도 이야기에 은혜 받아 전도를 시작했다는 분들이 연락해 오고, 은혜를 나누고자 우리 교회에 방문하는 일들이 생겼다. 또한 주님은 함께 목회하며 전도할 동역자를 보내 주셨다. 그 외에도 크고 작은 기쁜 일들이 교회 안팎으로 많이 생겼다. 이 얼마나 놀라운 은혜인가! 나는 주님께 드린 것이 보잘것없다고 생각했지만, 주님은 그 작은 전도의 실천을 축복의 씨앗으로 사용하셨다.

내가 부득불 이렇게 자랑할 수 있는 것은 이 모든 것이 내 계획과 능력으로 된 것이 아니라 주님이 하신 일이기 때문이다. 그러므로 이러한 자랑이 오직 주님을 높이기 위한 것임을 이해해 주길 바란다. 아무것도 하지 않으면 아무 일도 일어나지 않는다. 주님은 우리에게 큰 것을 요구하지 않으신다. 내가 할 수 있는 작은 순종, 즉 행함을 원하신다. 나가자! 만나자! 씨를 뿌리자! 그러면 주님이 일하실 것이다.

"내가 복음을 전할지라도 자랑할 것이 없음은 내가 부득불 할 일임이라 만일 복음을 전하지 아니하면 내게 화가 있을 것이로다"(고전 9:16)